しっかり食べてムリなく続ける！

がんばらない
ダイエット弁当

小田真規子

講談社

CONTENTS

はじめに　がんばらないダイエット弁当って？…4
がんばらないダイエット弁当を楽しく作り続けるコツ…6
おいしく食べながらカロリーダウンするコツ…8

PART 1
毎日を元気に乗り切るバランス弁当

豚ヒレ肉のムニエル弁当…10
豚ひき肉のしいたけ詰め焼き弁当…12
えびのエスニックソテー弁当…14
鮭のパネソテー弁当…16
鶏ささ身のピカタ弁当…18
豚肉のえのきロール弁当…20
牛肉とトマトのステーキ丼弁当…22
彩り野菜といか炒め弁当…24
鶏ささ身のチーズロール弁当…26

PART 2
素材別 お弁当のおかず事典

メインおかず編

鶏ささ身
ピカタ／磯辺焼き／蒲焼き風／チーズロール…31

鶏もも肉
はちみつレモンチキン／きのこのレンジ蒸し／フライドチキン風／香草焼き…32

豚ヒレ肉・豚もも薄切り肉
ピーマン炒め／えのきロール／ボリュームしょうが焼き／ゆで豚と青菜のごまあえ…33

赤身ひき肉
簡単つくね／しいたけ詰め焼き／厚揚げ入りハンバーグ／チンゲンサイのマーボー風…34

牛もも焼き肉用肉
甘辛焼き／焼き肉サラダ／ストロガノフ風／チンゲンサイのみそ炒め…35

むきえび
かき揚げ／キャベツのチリソース／エスニックソテー／えび卵…36

いか
からし揚げ／角切り野菜の炒め物／バター＆パプリカソテー／照り煮…37

まぐろ
中華風ステーキ／カレームニエル／照り焼き／ほうれんそうのアンチョビにんにく炒め…38

卵
わかめ入り卵焼き／桜えび入りチジミ風／ひき肉の卵とじ／野菜たっぷりオムレツ…39

厚揚げ
しょうが焼き／しそはさみ焼き／ペッパーステーキ／マーボー豆腐風…40

野菜のサブおかず編

じゃが芋
カレーきんぴら／レンジマッシュポテト／ヘルシーポテトサラダ／肉なしじゃが煮…43

にんじん
ピリ酢煮／黒ごまあえ／ソース炒め／大根のコールスロー…44

大根
スティックツナサラダ／オイスターステーキ／ピクルス／浅漬け…45

かぼちゃ
レンジ甘煮／レンジバター蒸し／小豆あえ／ガーリックチーズソース添え…46

キャベツ
甘酢しょうがあえ／コチュジャン炒め／ツナの煮浸し／梅じょうゆあえ…47

ほうれんそう・小松菜
ちりめんじゃこサラダ／簡単バターソテー風／明太子炒め／しょうが風味浸し…48

ブロッコリー
チーズソース添え／昆布あえ／マスタードマヨネーズあえ／きんぴら…49

ピーマン
おかかあえ／マリネ／鍋しぎ風／こしょう炒め…50

チンゲンサイ
ソーセージソテー／ごま油浸し／ザーサイ添え／オイスターマヨネーズあえ…51

きのこ類
えのきのカレーゆで／えのきしそ巻きソテー／えのきのドレッシングあえ／しいたけの洋風マリネ…52

PART 3
主食だけでもOK! 特急バランス弁当

具だくさん炒飯弁当／キャベツとツナの簡単パスタ弁当…54
HCTLサンド弁当…56
ボイル野菜のミートソース弁当…57
エスニック風焼きうどん弁当…58
ソース卵焼き丼弁当…59
大きめいり卵＆ソーセージ弁当…60
昨日の残り物アレンジ弁当…61

PART 4
コンビニを味方にするお弁当

❶ コンビニで主食を買うお弁当

パン＆サンドイッチにプラス
豚もも肉のピーマンロール きのこのソテー…64
簡単ポトフ／ブロッコリーときのこのにんじんドレッシング…65
いかとピーマンの黄金煮／大根と厚揚げのおかずサラダ…66

おにぎりにプラス
かじきのガーリックステーキ・ほうれんそうとにんじんのゆでサラダ／鶏もも肉の野菜炒め…67
小松菜ときのこのごまチーズあえ／チンゲンサイのスクランブルエッグ…68
鶏ささ身ときのこの焼きかき揚げ／厚揚げとチンゲンサイとえびのさっと煮…69

麺類にプラス
アスパラ、いんげん、鶏ささ身のバターきんぴら／ブロッコリーとトマトのしょうがお浸し…70

❷ コンビニ食材で作るお弁当

冷凍食品でポテベジ弁当…72
冷凍食品でごろごろシューマイ弁当／冷凍食品でお手軽デミハンバーグ弁当…73
缶詰・レトルトではさむだけテキサス弁当／缶詰・レトルトでがっつりコンビーフ弁当…74
缶詰・レトルトでなんちゃって煮物弁当／缶詰・レトルトで繊維たっぷりパスタ弁当…75

COLUMN

週末にまとめて作るおかず
ひき肉と残り野菜のそぼろみそ …28
ゆで野菜のあえ混ぜ・厚揚げのいり豆腐風・和風サンドイッチ・包み卵焼き

根菜の炒め煮 …62
マヨネーズあえ・焼きかき揚げ・焼き飯・カレー南蛮漬け

鶏レバーとひじきのオイル漬け …76
ブロッコリーサラダ・おしゃれにらレバ・トマト煮・ペンネあえ

週末にまとめて作るパンとケーキ
さつま芋と黒ごまのケーキ…41　　チーズとくるみのパン…53
こしょうとバジルのケークサレ…71

素材別INDEX…78

この本の使い方
- カップ1＝200mℓ、大さじ1＝15mℓ、小さじ1＝5mℓです。
- フライパンは直径20cmのフッ素樹脂加工のもの（「週末にまとめて作るおかず」は26cmのもの）、鍋は直径15cmのものを使用しています。
- 砂糖は上白糖、塩は精製塩、バターは有塩バターを使用しています。
- 電子レンジは500Wのものを使用。加熱時間は目安なので状態を見て加減してください。
- 耐熱ボウルは直径15cm、耐熱皿は直径20cmのものを使用。
- 野菜は皮ごと使用する場合のみその旨記載し、基本的な下準備は省いています。
- Aなどの合わせ調味料は、あらかじめ混ぜ合わせて使用します。

> がんばらない
> ダイエット弁当って？

INTRODUCTION

はじめに

自分の体のことを思いやって無理せず、長く続けられるヘルシーなお弁当のことです

「ダイエット弁当」という言葉から、どんなお弁当をイメージするでしょうか。ご飯など主食はちょっぴり、お肉や揚げ物、甘いものはNG、綿密な計算など、がんばらなくてはできない印象がありますね。

この本で、私のおすすめする「がんばらないダイエット弁当」は、タイトル通り、**そんなに肩ひじ張ってがんばらなくても大丈夫です。**ご飯もしっかり食べていい、お肉も揚げ物も食べていい、週3日からでもいい、朝起きられなくてサボった日があってもいい。

大切なのは、がんばることではありません。長く続けることなのです。

朝ごはんは時間がなくて簡単に済ませてしまい、夜は友達や仕事のおつき合いで外食する人、忙しくて買ってきたお弁当などで済ませてしまう人も多いでしょう。**1日3食のうち、いちばんコントロールがしやすいのがお昼ごはんです。**お昼ごはんに、500〜600kcalのヘルシーなお弁当を食べて、1日のエネルギーや栄養バランスが偏らないよう調整する。これを習慣にして長く続けることは、回り道のように見えて、実はダイエットの近道です。

また、お弁当を作り始めると、常に冷蔵庫に材料があるので「今日はこの野菜とお肉があるから、外食をやめて夕飯も作ってみようかな」など、自炊のモチベーションも上がります。**お弁当は不規則になりがちな食生活をヘルシーな方向に変えるための、きっかけ作りにもなるのです。**

この本では、どこでも買える身近な素材で、体のことを考えながら誰もが作れる、ヘルシーでおいしいお弁当をご提案しています。自分の体を元気にできるのは自分だけ。ぜひ、がんばらずに始めてみてください！

小田 真規子

がんばらないダイエット弁当
5つのポイント

メインおかずは低カロリー素材に
鶏ささ身、豚や牛の赤身肉、いかなど、低カロリーな素材を選べば、調理法や味つけが限定されません。

食べごたえのあるサブおかずを
根菜や芋類、きのこを使ったサブおかずはビタミンやミネラル、食物繊維がとれて、満足感があります。

昼食は500～600kcalに
成人女性の1日の摂取エネルギーの必要量が1650～1750kcal（身体活動レベルⅠ）なので、毎日お昼に500～600kcalとると、1日のカロリーコントロールがスムーズです。

1人分 529kcal

ご飯150g＋青のり・小梅／いかの照り煮（P37）／えのきのドレッシングあえ（P52）／かぼちゃのレンジバター蒸し（P46）

体調を考えながらおかずを決める
「昨日食べ過ぎたから今日はかるく」とか「便秘ぎみだから繊維をたっぷり」など、自分の体調と相談しながら作れるのが、お弁当の最大の長所です！

ご飯も野菜もしっかり、たっぷり
糖質は脳や体のエネルギーの源。極端に減らしてしまうと、体重が減っても元気がなくなり、かえってリバウンドしやすいので気をつけて。

DIET BENTO

がんばらないダイエット弁当を楽しく作り続けるコツ

お弁当作りを長く続けるためのコツをまとめました。
がんばらずに続けるためには、1日のルーティンに組み込むのが理想です。

まずは買い物ありき！
お弁当向きの素材を買う

毎日、買い物に行くのはやはり大変。週末などにまとめて買いましょう。日持ちのする野菜と、メインおかずになる素材を4〜5種類決め、あとはそのとき安いものというように買っておくと、お弁当作りがスムーズにできます。「素材別 お弁当のおかず事典」(P30〜)でご紹介している素材がおすすめです。

冷蔵庫にお弁当コーナーが
あれば、朝、迷わない

お肉や魚介は買ってきたときに小分けにして冷凍したり、野菜類も「これはお弁当用」と分けておくなど、冷蔵庫にお弁当コーナーを作っておくと、あれこれ考えずに済むのでお弁当作りが楽になります。あとは保存やアレンジのきく常備菜があれば、朝、がんばらなくてもお弁当を作ることができます。

DIET

下ごしらえは夜済ませると楽ができて味もおいしい

朝が苦手な人は、野菜を切ったり、お肉や魚に下味をつけるなど、夜のうちに下ごしらえを済ませておくと、朝、火を通して詰めるだけなので楽ができます。味をなじませるおかずなどは、夜に作っておくほうがさらにおいしく仕上がることも。朝にがんばって全部やろうとしないことも長続きのコツです。

コンビニも上手に使えばやせるお弁当の強い味方

忙しいときはコンビニを上手に利用しましょう。おにぎりをコンビニで買っておかずは手作りする、今日のお弁当はちょっと野菜が足りないかなと思ったらコンビニでサラダを補うなど、バランスをとりながら利用するのが肝心です。カロリー表示がしてある商品が多いのもコンビニ食材の長所の一つです。

作れない日があってもOK。週3でも体は変わる！

お弁当を作れない日が1〜2日あったとしても、そこでやめないことが大切です。「ちょっとサボっちゃったけれど、また作ろう」くらいのモチベーションが、長続きのコツです。毎日が難しければ、1週間のうちの3日をお弁当の日にすることから始めましょう。それだけでも確実に体調が変わってきます。

DIET BENTO

おいしく食べながら
カロリーダウンするコツ

調理法にタブーはなし！
素材選びに気をつかって

がんばらないダイエット弁当では、油やマヨネーズを使うおかずも多いし、揚げ物も登場します。大切なのは低カロリー素材をベースに選ぶこと。脂肪分の多いロース肉をトンカツにするなどはおすすめできませんが、えびやいかなど魚介類や、肉でも脂肪の少ない部位を選べば、調理法にタブーはありません。

素材を少ない油で1〜2分
焼くことで油の吸収を減らす

この本でご紹介している油で炒めるおかずは、最初にフッ素樹脂加工のフライパンに油を少量入れて**中火**で熱し、素材を広げて**動かさずに1〜2分加熱**してから炒めます。短時間で素材にきちんと火が通り、油の量も減らせます（レシピ中ではこの工程を省略している場合もあります）。

天ぷら衣はかためにすると
カロリーダウンできる

この本に登場する天ぷらの衣は、小麦粉と水だけ、卵を使わずに作っています。直接小麦粉を素材にふりまぶして素材から出る水分を利用し、衣をかためにしておくことで、カラッと揚がってエネルギーも抑えることができます。魚介類や野菜など、具もヘルシーなものを選びましょう。

DIET BENTO

浅く面が広いお弁当箱は目を満足させてくれる

がんばらないダイエット弁当では、お弁当箱選びも重要です。小さくて深いものよりは、浅くて面の広いものを選びましょう。スペースが大きいので、たくさん入っているように見えますが、実際は深さがあまりないので、食べる量をコントロールできます。容量は400〜500mlが目安です。

葉野菜よりも火を通した野菜をたっぷり入れる

私のお弁当では、レタスやサラダ菜などの葉野菜は使いません。食べるころにはしんなりしてしまうからです。それよりも、ボリュームのある野菜を、ゆでる、炒めるなどしっかり火を通してたくさん入れます。加熱し過ぎると時間もかかりますし、ちょっと歯ごたえが残るくらいがおいしいと思います。

お菓子が食べたいときは甘い味のおかずを食べる

ダイエット中でも、どうしてもお菓子が食べたくなることはあります。そんなときは、デザート感覚でかぼちゃやさつま芋など、甘みのある素材を使ったおかずを入れるようにすると満足できます。P41やP71でご紹介している、甘みの少ないスイーツを主食がわりに持っていくのもおすすめです。

PART 1 毎日を元気に乗り切るバランス弁当

お弁当は1日の栄養バランスを整える大切な1食。お弁当のいいところは、自分の体と相談しながら作れること。体調が気になるときに、それをカバーできる素材を盛り込みました。がんばらずにパパッと作ってみてください。

豚ヒレ肉のムニエル弁当

豚肉に多く含まれるビタミンB₁は肩こりや疲労をやわらげてくれます。にんにくを一緒にとることで、さらに効果がアップ。

1人分 568 kcal

> 疲れているときは豚肉でスタミナアップ！

豚ヒレ肉のムニエル

材料（1人分）

豚ヒレ肉…60g
　塩…2つまみ
　こしょう…少々
小麦粉…小さじ1
サラダ油…小さじ1

作り方

❶ 豚肉は2〜3等分に切り、厚みに半分まで包丁を入れて開き、表裏を20〜30回こぶしでたたく。塩、こしょう、小麦粉をふる。
❷ フライパンにサラダ油を熱し、❶の表裏を2分ずつ焼く。

ガーリックピラフ風

材料（1人分）

ご飯…150g
にんにく（薄切り）…1かけ
サラダ油…大さじ½
塩、こしょう…各少々
パセリ（みじん切り）…小さじ1

作り方

❶ フライパンににんにくとサラダ油を入れてから中火にかけ、きつね色になるまで炒める。
❷ ご飯に❶、塩、こしょう、パセリを加えて混ぜ合わせる。

疲れているとき、やる気がないときに元気が出る!

お弁当の彩りがきれいになる1品

ヘルシーポテトサラダ

▶作り方は「素材別 お弁当のおかず事典」P43へ

豚ひき肉の
しいたけ詰め焼き弁当

ストレスを感じやすい日は、しっかりとかめるおかずがおすすめ。
しいたけ詰め焼きにちょっと手がかかるので、サブおかずは簡単にしました。

1人分
487 kcal

火を使わずに
すぐできちゃう

豚ひき肉の
しいたけ詰め焼き

▶ 作り方は
「素材別 お弁当のおかず事典」P34へ

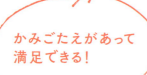

かみごたえがあって
満足できる！

にんじんともやしの
簡単ナムル

材料（1人分）

にんじん…⅕本（30g）
もやし…50g
ごま油、しょうゆ…各小さじ1

作り方

❶ にんじんはピーラーで削って帯状にする。
❷ 鍋に湯を沸かして、にんじんともやしを1分ゆでる。ゆで上がったら水けをきり、ごま油としょうゆであえる。

たたききゅうりの
梅あえ

材料（1人分）

きゅうり…½本（50g）
梅干し…½個

作り方

❶ きゅうりは木べらなどでつぶして食べやすい大きさに割る。
❷ 梅干しは種を取ってちぎり、❶とあえる。

ご飯150g＋ゆかり

ダイエットの心得

油も肉も適度に使うことで長続きする

　ダイエット弁当なのに、揚げ物や肉も食べていいの？　とよく驚かれます。ダイエット弁当は糖質や油を完全にカットするべきだと思っている人も多いのですが、それでは長続きしません。油を適度に使うことで、時間がたっても肉や魚がしっとりしておいしいし、揚げ物でも肉でも、脂肪の少ない部位を選べば大丈夫。自分に満足感を与えてあげることで、ダイエットが長続きするんですよ。

イライラするときは
しっかりかんで、
ストレス解消！

えびのエスニックソテー弁当

ヘルシーなえびに、ビタミンたっぷりのサブおかずとフルーツを組み合わせました。
見た目のボリュームのわりに低カロリーなので食べ過ぎた翌日に！

1人分
431 kcal

ごま油とスパイスの香りで食欲もアップ

えびの
エスニックソテー

▶ 作り方は
「素材別 お弁当のおかず事典」
P36へ

アスパラと
さやいんげんの
マヨネーズあえ

材料（1人分）

グリーンアスパラガス…2本(30g)
さやいんげん…7〜8本(40g)
マヨネーズ…大さじ½
パプリカパウダー…少々

作り方

❶ アスパラガスはかたい根元の部分を切り、乱切りにする。
❷ さやいんげんは3㎝長さに切る。鍋に湯を沸かして、アスパラといんげんを一緒にかためにゆでる。ざるに上げて冷ます。
❸ ❷をマヨネーズであえてパプリカをふる。

ご飯150g＋いり白ごま
オレンジ¼個（30g）

しっかり食べながら
急いで
やせたいときに！

鮭のパネソテー弁当

たまにはパンが主食のお弁当も気分が変わって楽しいもの。
抗酸化力の高いアスタキサンチン豊富な鮭をメインおかずに、野菜をたっぷり。

1人分
569 kcal

鮭のパネソテー

材料（1人分）
生鮭…小1切れ(80g)
　塩、こしょう…各少々
小麦粉、溶き卵、パン粉…各適量
揚げ油…適量

作り方
❶ パン粉は万能こし器でこし、細かくする。
❷ 生鮭は半分に切り、塩、こしょうをふってしばらくおき、水けをふく。
❸ ❷に小麦粉をまぶし、溶き卵にくぐらせたあと、❶をまんべんなくつけてから、余分なパン粉を落とし、手でかるく押さえて衣をなじませる。
❹ フライパンの1cm深さに揚げ油を入れて170℃に熱し、❸を表面がきつね色になるまで揚げる。

じゃが芋のレンジゆでバターしょうゆ

材料（1人分）
じゃが芋…小1個(100g)
バター…小さじ1
しょうゆ…小さじ1

作り方
❶ じゃが芋は半分に切ってそれぞれ皮つきのままラップで包み、電子レンジで4～5分加熱する。
❷ 取り出してラップを外し、少し冷ましてからかるくつぶして、バターとしょうゆをからめる。

プチトマト1個
ロールパン2個（60g）

免疫力アップや
アンチエイジングに

**ブロッコリーの
チーズソース添え**

▶ 作り方は
「素材別 お弁当のおか
ず事典」P49へ

鶏ささ身のピカタ弁当

火の通りやすい素材ばかりの時短弁当。パサパサしやすいささ身も卵にくぐらせることでジューシーに。たんぱく質豊富で髪や爪もツヤツヤに。

1人分 564 kcal

こしょうをきかせたパンチのある味つけ！

鶏ささ身のピカタ
▶ 作り方は
「素材別 お弁当のおかず事典」P31へ

ピーマンのこしょう炒め
▶ 作り方は
「素材別 お弁当のおかず事典」P50へ

トマトマリネサラダ

材料（1人分）
トマト…½個（80g）
A｜酢…小さじ½
　｜サラダ油…小さじ½
　｜砂糖、塩…各1つまみ

作り方
トマトは食べやすい大きさのくし形切りにする。Aを混ぜ合わせてフレンチドレッシングを作り、トマトをあえる。

ご飯150g＋ふりかけ

ダイエットの心得

意外な落とし穴！調味料のエネルギーにご用心

　ダイエットをするときに、素材のエネルギーを気にする人は多いのですが、意外に見落としがちなのが調味料のエネルギーです。マヨネーズや油だけでなく、煮物などによく使う砂糖やみりんも糖質を多く含むので、意外にエネルギーを上げてしまいます。塩をベースにした味つけのほうが、時間がたっても料理の味が変わりにくく、エネルギーも上がらないので、ダイエット弁当向きです。

髪の毛や爪を
きれいに
してくれる♥

豚肉のえのきロール弁当

女性に多い便秘には、お弁当で繊維質をとることをおすすめします。
繊維の多いえのきだけ、にんじん、ブロッコリーを組み合わせました。

豚肉のビタミンB₁が
大腸の働きをアップ

1人分 594 kcal

豚肉のえのきロール

▶ 作り方は
「素材別 お弁当のおかず事典」P33へ

にんじんとコーンのきんぴら

材料（1人分）
にんじん…50g
ホールコーン…20g
ごま油…小さじ1
しょうゆ…小さじ2
みりん…小さじ1
パセリ（みじん切り）…少々

作り方
❶ にんじんは細めの乱切りにする。
❷ フライパンにごま油を熱してにんじんを広げて1分焼き、1分炒める。油がまわったらコーンを加える。
❸ しょうゆ、みりんを回し入れて調味する。お弁当箱に詰めて仕上げにパセリをふる。

ご飯150g

ブロッコリーの昆布あえ

▶ 作り方は
「素材別 お弁当のおかず事典」P49へ

繊維たっぷりだから
便秘が気になるときに!

牛肉とトマトのステーキ丼弁当

焼いてのせるだけの簡単弁当です！ 貧血が気になるけれどレバーが苦手な人は、お肉の中でも比較的鉄分が豊富な牛肉の赤身がおすすめ。

お肉はパックから出したらそのまま使う！

1人分
561 kcal

牛肉とトマトのステーキ丼

材料（1人分）
牛もも薄切り肉…100g
　塩…小さじ1/5
小麦粉…大さじ1/2
水…大さじ1/2
粗びき黒こしょう…少々
サラダ油…小さじ1
トマト…1/2個（80g）
ご飯…150g

作り方
❶ 牛肉ははがしたり広げたりせず、パックから出し、そのまま使う。塩をふり、小麦粉を分量の水で溶いて片側の表面に塗り、さらに粗びき黒こしょうをふる。トマトは4等分のくし形切りにする。
❷ フライパンにサラダ油を熱し、牛肉のこしょうをふった側を下にして焼き、やや火を強めて焼き色をつける。裏返して火を弱め、2分くらい火を通す。
❸ 肉が焼き上がったら取り出して、トマトの切り口を強火で1分ずつ焼く。
❹ お弁当箱にご飯を盛り、ほうれんそうの簡単バターソテー風とトマト、牛肉をのせる。

ほうれんそうの簡単バターソテー風

▶ 作り方は
「素材別 お弁当のおかず事典」P48へ

ちょっと
貧血ぎみかな？
と思ったときに

彩り野菜といか炒め弁当

肌荒れやくすみなどが気になるときは、低脂肪で高たんぱく質のいかと、ビタミン豊富な濃い色の野菜をたっぷりとって、美肌を目指しましょう。

1人分 459 kcal

> 皮膚をなめらかにするビタミンCが豊富！

彩り野菜といか炒め

材料（1人分）

ブロッコリー…70g
にんじん…30g
もんごういか…100g
　塩、酒…各少々
ごま油…大さじ½
花椒（ホワジャオ）…小さじ½
A ｜ 塩…小さじ⅕
　　｜ しょうゆ…小さじ½
　　｜ 酒…小さじ1
　　｜ 水…大さじ1
　　｜ 片栗粉…1つまみ

作り方

❶ ブロッコリーは小房に分け、熱湯でかためにゆでる。にんじんは5mm厚さの斜め切りにして半分に切る。いかは斜めに切り込みを入れて約2cm幅の短冊状に切り、塩と酒をふる。
❷ フライパンにごま油を熱し、いかとにんじんを広げて2分焼く。いかの切れ込みが開いてきたら、花椒、A、❶のブロッコリーを加え、全体に味がなじむまで炒める。

チンゲンサイのオイスターマヨネーズあえ

▶ 作り方は
「素材別 お弁当のおかず事典」P51へ

ご飯150g

ダイエットの心得

ダイエット中に起こる肌荒れ対策もお弁当で

　ダイエット中に肉や魚を必要以上にセーブすると、たんぱく質が不足してしまい、肌が荒れたり、むくみやすくなったりします。「がんばらないダイエット弁当」では、いかやえびなどの魚介類、赤身の肉、チーズ、厚揚げなどを積極的に使い、良質のたんぱく質をとれるように工夫しています。せっかくダイエットするのですから、肌もきれいになりたいですね。

肌荒れが
気になるときには
濃い色の野菜が◎

鶏ささ身の
チーズロール弁当

丈夫な骨や歯を作るカルシウムは、神経の興奮を安定させ、イライラをしずめる効果も。
チーズなどの乳製品はもちろん、青菜や小魚にも、豊富にカルシウムが含まれます。

1人分
564 kcal

ボリュームがあるから、
男性でも満足♥

鶏ささ身の
チーズロール

▶作り方は
「素材別 お弁当のおか
ず事典」P31へ

小松菜とわかめの
煮浸し風

材料（1人分）
小松菜…50g
乾燥わかめ…小さじ2
しょうゆ…小さじ1
みりん…小さじ1
水…カップ¼
ごま油…少々

作り方
❶ 小松菜は4cm長さに切る。わかめはたっぷりの水につけてもどし、水けをきる。
❷ 鍋にしょうゆ、みりん、分量の水、ごま油を入れて煮立てる。小松菜を入れ、上下を返しながらしんなりするまで火を通し、わかめを加えて一混ぜし、火をとめる。
❸ 汁けをよくきってお弁当箱に詰める。

白ごまとじゃこの
混ぜご飯

材料（1人分）
ご飯…150g
いり白ごま…大さじ½
ちりめんじゃこ…大さじ3
小梅…1個

作り方
❶ 炊きたてのご飯に、白ごま、じゃこを加え、練らないように注意しながらよく混ぜ合わせる。
❷ 茶碗に盛って少し冷まし、お弁当箱に詰めて最後に小梅を添える。

最近なんだかイライラ…
カルシウム不足は
お弁当で解消しよう!

COLUMN 1 週末にまとめて作るおかず

冷蔵庫に作りおきのおかずがあると、毎朝のお弁当作りがとても楽になります。
野菜もたっぷりとれて、アレンジのしやすいそぼろみそを作ってみましょう。

残り野菜も使い切れて
ご飯に合うピリ辛味。
冷蔵庫で7日保存OK!

ひき肉と残り野菜のそぼろみそ

材料（作りやすい分量・約500g）

豚赤身ひき肉…250g
生しいたけ…3枚(45g)
竹の子(水煮)、にんじん…各30g
長ねぎ…1本(100g)
しょうが、にんにく…各1かけ
ごま油…大さじ1

A｜みそ…大さじ2
　｜しょうゆ…大さじ2
　｜砂糖…大さじ2
　｜酒…大さじ2

作り方

❶ 生しいたけ、竹の子、にんじんは4～5mm角の粗みじん切りに、長ねぎ、しょうが、にんにくはみじん切りにする。

❷ フライパンにごま油を熱し、しょうが、にんにく、残りの野菜、きのこを広げて1～2分焼き、1～2分炒める。ひき肉を加え、肉の色が半分変わるまで炒める。

❸ ❷にAを混ぜながら回し入れ、とろみがつくまで炒める。

お弁当にアレンジ！

1人分 88 kcal

ゆで野菜のあえ混ぜ

材料（1人分）
ひき肉と残り野菜のそぼろみそ…50g
カリフラワー…50g
さやいんげん…3本(20g)

作り方
❶ カリフラワーは小房に分け、さやいんげんは3cm長さに切る。
❷ 鍋に湯を沸かし、❶をかためにゆでる。ざるに上げ、水けをよくきる。
❸ ❷が温かいうちにそぼろみそであえる。

1人分 246 kcal

厚揚げのいり豆腐風

材料（1人分）
ひき肉と残り野菜のそぼろみそ…70g
厚揚げ…½枚(80g)
A｜水またはだし汁…カップ¼
　｜しょうゆ、みりん…各小さじ1
冷凍グリンピース…大さじ1

作り方
❶ 厚揚げは熱湯をかけて油抜きし、一口大にちぎる。
❷ 鍋に❶、Aとそぼろみそを入れて中火で煮立て、上下を返しながら汁けがなくなるまで3～4分煮る。
❸ グリンピースを凍ったまま加え、上下を返して一煮する。

1人分 436 kcal

和風サンドイッチ

材料（1人分）
ひき肉と残り野菜のそぼろみそ…100g
サンドイッチ用食パン…4枚
きゅうり（小口切り）…1本(100g)
塩…少々
マヨネーズ…小さじ2

作り方
❶ きゅうりは塩をふってしんなりさせ、さっと水洗いして水けを絞る。
❷ 食パン2枚の片面にマヨネーズを塗り、そぼろみそを半量ずつのせる。
❸ ❷の上にきゅうりを均等に散らし、残りの食パンではさむ。耳を落として食べやすい大きさに切り分ける。

1人分 182 kcal

包み卵焼き

材料（1人分）
ひき肉と残り野菜のそぼろみそ…50g
卵…1個
サラダ油…小さじ1

作り方
❶ ボウルに卵を溶きほぐす。
❷ フライパンにサラダ油を熱し、❶を流し入れる。まわりが固まってきたら、ゴムべらで大きく混ぜながら、フライパンの直径よりもふた回りくらい小さな円にまとめる。
❸ ❷の手前側にそぼろみそをのせ、半分に折る。表裏に焼き色をつけて火からおろし、食べやすい大きさに切る。

素材別 お弁当のおかず事典

メインおかず編

お弁当の主役であるメインおかずは、しっかりした食べごたえと存在感のあるものがうれしいですよね。ダイエット中でも安心して食べていただけるように、低カロリーな素材で、手早く作れるものばかりを選びました。

メインおかずのポイント

1. 長く続けるためにはダイエット中でも**メインのおかずをしっかり食べる**ことが大切です。

2. 肉や魚でも**脂肪の少ない素材や部位**を選べば、油を使った調理法でも安心して食べられます。

3. 巻いたり、重ねたり、大きめに切ったりして**ボリュームを出す**ことで見た目にも満足！

鶏ささ身

短時間で火が通って、味のバリエーションがつけやすい。扱いも簡単なのでお弁当向き！

1人分 217 kcal

ピカタ

材料（1人分）
鶏ささ身(筋を取る)…2本(80g)
　塩、こしょう…各少々
小麦粉…小さじ1
A | 卵…1個
　| 粉チーズ…小さじ1
　| パセリ(みじん切り)…小さじ1
サラダ油…小さじ1

作り方
❶ 鶏ささ身はラップをかぶせ、こぶしで10回ほどたたき、塩、こしょうをふって小麦粉をまぶす。
❷ フライパンにサラダ油を熱し、❶の鶏ささ身をAにくぐらせて焼く。表面が固まったら再びAにくぐらせて焼き、これをAがなくなるまで繰り返す。

1人分 125 kcal

磯辺焼き

ご飯との相性バツグン！

材料（1人分）
鶏ささ身(筋を取る)…2本(80g)
　塩、酒…各少々
のり(全形を3cm幅に切ったもの)…2枚
サラダ油…小さじ1

作り方
❶ 鶏ささ身はラップをかぶせ、こぶしで10回程度たたき、塩と酒をふって下味をつける。
❷ のりを❶に巻きつけ、端を水でとめる。
❸ フライパンにサラダ油を熱して❷を焼く。

本物のうなぎみたい！

1人分 159 kcal

蒲焼き風

材料（1人分）
鶏ささ身(筋を取る)…2本(80g)
酒、片栗粉…各適量
のり(全形)…½枚
サラダ油…小さじ1
A | しょうゆ、みりん、水…各大さじ½

材料（1人分）
❶ 鶏ささ身は中央から厚みに半分くらいまで包丁を入れて左右に観音開きにし、酒をふって片栗粉をまぶす。
❷ のりの裏側に❶の開いた面を下にして交互に寄せてのせる。フライパンにサラダ油を熱し、のり側を下にして入れる。
❸ 2分焼き、返して1分焼き、Aを加えて汁けがなくなるまでからめる。

1人分 225 kcal

チーズロール

材料（1人分）
鶏ささ身(筋を取る)…2本(80g)
　塩、こしょう…各少々
A | プロセスチーズ(拍子木切り)…30g
　| 万能ねぎ(10cm長さに切る)…10本(10g)
サラダ油…小さじ1

材料（1人分）
❶ 鶏ささ身は中央から厚みに半分くらいまで包丁を入れて左右に観音開きにし、塩、こしょうをふる。
❷ ❶にAを均等にのせて、きつめに巻く。
❸ フライパンにサラダ油を熱し、❷の巻き終わりを下にして1分焼き、さらにころがしながら3〜4分焼き、中まで火を通す。

鶏もも肉

うまみが濃くて味わい深いのでメインのおかず向き。皮はエネルギーが高いので取り除いて。

1人分 182kcal

はちみつレモンチキン

材料（1人分）
鶏もも肉(皮なし)…80g
レモン…¼個
サラダ油…小さじ1
A | はちみつ…小さじ2
　 | しょうゆ…小さじ2
　 | 水…大さじ1

作り方
❶ 鶏肉は3等分に切る。レモンは皮をむいて輪切りにする。皮はよく洗ってせん切りにする。
❷ フライパンにサラダ油を熱し、鶏肉を2〜3分焼いて、1分炒め、焼き色がついたらAと輪切りにしたレモンを加える。フライパンをゆすりながら味をなじませ、照りをつけてレモンの皮を散らす。

1人分 154kcal

きのこのレンジ蒸し

材料（1人分）
鶏もも肉(皮なし)…80g　きくらげ(乾燥)…少々
A | しょうゆ、酒　　　B | しょうゆ
　 | …各小さじ1　　　　 | …小さじ2
長ねぎ(斜め切り)　　　　 | 砂糖、酒
　…⅓本(30g)　　　　　　 | …各小さじ1
生しいたけ…2枚(30g)　　 | 片栗粉
しめじ…¼パック(30g)　　 | …小さじ½

作り方
❶ 鶏肉は一口大に切り、Aで下味をつける。きくらげは水でもどす。きのこ類は石づきを取って食べやすい大きさに切る。
❷ 耐熱ボウルに❶の鶏肉を入れて広げ、長ねぎ、きのこをのせてBをふりかけ、ふんわりとラップをかけ、電子レンジで約4分加熱する。上下を返して味をなじませる。

コーンミールの衣でサクサクの食感！

1人分 246kcal

フライドチキン風

材料（1人分）
鶏もも肉(皮なし)…80g
　塩、こしょう…各少々
A | 小麦粉…小さじ½
　 | 中濃ソース、トマトケチャップ…各大さじ½
コーンミール…大さじ1〜2
サラダ油…大さじ1

作り方
❶ 鶏肉は3等分して塩、こしょうをふり、Aをからめる。汁けをきり、コーンミールをまぶす。
❷ フライパンに❶を並べてサラダ油をふり、中火で5〜6分焼き、色づいたら弱火にしてカリッとするまで火を通す。

1人分 144kcal

香草焼き

材料（1人分）
鶏もも肉(皮なし)…80g　　パセリ(みじん切り)
　塩、こしょう…各少々　　　…小さじ1
A | 小麦粉…小さじ⅔　　　粗びき黒こしょう
　 | 水…小さじ1　　　　　　…小さじ½
B | にんにく　　　　　　サラダ油…小さじ1
　 | (すりおろす)
　 | …¼かけ

作り方
❶ 鶏肉に塩、こしょうをふる。Aを練り合わせて片面に塗り、Bをまぶしつける。
❷ フライパンにサラダ油を熱し、❶のBをつけた側から4〜5分焼いて裏返し、2〜3分焼いて火を通す。

豚ヒレ肉・豚もも薄切り肉

ビタミンB₁が豊富でアレンジも自在。他の部位に比べて脂肪の少ないもも肉がおすすめ！

ピーマン炒め

1人分 181kcal

材料（1人分）
豚ヒレ肉…80g
A｜しょうゆ、片栗粉、サラダ油…各小さじ½
ピーマン、赤ピーマン（細切り）…各1個（60g）
サラダ油…小さじ1
B｜しょうゆ…小さじ1
　｜砂糖…小さじ½
　｜豆板醤（トウバンジャン）…小さじ¼

作り方
❶ 豚肉は1cm厚さに切ってから2〜3等分に切り、Aをからめて下味をつける。
❷ ピーマン、赤ピーマンは縦半分に切って種を除き、5mm幅に切る。
❸ フライパンにサラダ油を熱し、❶を1分焼き、❷のピーマン、赤ピーマンを加えて2分炒め、Bを加えて味をからめる。

えのきロール

1人分 227kcal

しその風味がポイント。お弁当が豪華に見える！

材料（1人分）
豚もも薄切り肉…4枚（80g）
　塩、こしょう…各少々
えのきだけ…½袋（50g）
青じそ…4枚
小麦粉…小さじ1
サラダ油…小さじ1
A｜しょうゆ、酒…各大さじ½
　｜砂糖…小さじ½

作り方
❶ 豚肉はずらして並べ、2枚1組で塩、こしょうをふり、青じそを2枚、えのきだけを半量ずつのせて巻き、小麦粉をまぶす。
❷ フライパンにサラダ油を熱し、❶の巻き終わりを下にして1分焼き、さらにころがしながら3〜4分焼き、Aを加えてからめる。

ボリュームしょうが焼き

1人分 220kcal

材料（1人分）
豚もも薄切り肉…4枚（80g）
小麦粉…小さじ2
サラダ油…小さじ1
A｜しょうゆ…大さじ½
　｜酒…小さじ1
　｜しょうが（すりおろし）…1かけ分
　｜水…小さじ2

作り方
❶ 豚肉は2枚ずつ手の中で丸めて団子状にし、小麦粉をまぶして平たくする。
❷ フライパンにサラダ油を熱し、❶の表裏を2分ずつ焼いて、中までじっくり火を通す。Aを加えてからめる。

ゆで豚と青菜のごまあえ

1人分 207kcal

材料（1人分）
豚もも薄切り肉…4枚（80g）
チンゲンサイ…小1株（100g）
サラダ油…小さじ1
A｜刻み白ごま…小さじ2
　｜しょうゆ、砂糖…各小さじ1
　｜塩…少々

作り方
❶ 豚肉は1枚を2〜3等分に切る。チンゲンサイの葉は3〜4cm長さに切り、茎は四つ割りにする。
❷ 鍋に湯を沸かしてサラダ油を加え、豚肉を入れて1分、チンゲンサイを加えて30秒ゆでて、ざるに上げる。粗熱をとり、水けを十分にきってAを加えてあえる。

赤身ひき肉

存在感のあるおかずを作るのに欠かせない素材。なるべく赤身の多いものを選びましょう。

1人分 182 kcal

厚揚げ入りハンバーグ

材料（1人分）
牛赤身ひき肉…50g
厚揚げ…¼枚(40g)
A ｜ 粉チーズ…小さじ1
　 ｜ 塩…小さじ⅙
　 ｜ トマトケチャップ…小さじ1
サラダ油…小さじ1

作り方
❶ 厚揚げは細かくちぎる。ボウルにひき肉、厚揚げ、Aを入れてよく混ぜ合わせる。
❷ ❶を2等分して平らな楕円形にまとめ、サラダ油を中火で熱したフライパンに入れて表裏を2分ずつ焼き、ふたをして弱火で2～3分焼く。

1人分 178 kcal

簡単つくね

材料（1人分）
豚赤身ひき肉…80g
A ｜ みそ…大さじ½
　 ｜ 砂糖…小さじ1
　 ｜ いり白ごま…小さじ½
　 ｜ 万能ねぎ(小口切り)…5本(5g)
サラダ油…小さじ1

作り方
❶ ボウルにひき肉を入れ、Aを加えてよく混ぜ合わせる。
❷ フライパンにサラダ油を熱し、❶の種を3等分してスプーンですくって並べ入れ、ころがしながら表面が色づくまで中火で3分焼き、ふたをして弱火にして2～3分焼く。

しいたけのうまみも味わえるボリュームおかず

1人分 168 kcal

しいたけ詰め焼き

材料（1人分）
豚赤身ひき肉…80g
生しいたけ…3枚(45g)
A ｜ しょうゆ…小さじ1
　 ｜ 砂糖…小さじ1
サラダ油…小さじ1
小麦粉…適量

作り方
❶ しいたけは石づきを取り、笠と軸を切り離す。軸は細かく刻む。
❷ ボウルにひき肉、❶の軸、Aを入れて混ぜる。
❸ しいたけの笠の内側に小麦粉をふり、❷の種を均等に詰めて、さらに小麦粉をふる。
❹ フライパンにサラダ油を熱し、❸の肉側を下にして入れ、表裏2分ずつ焼き、さらに弱火で3～4分蒸し焼きにする。

1人分 173 kcal

チンゲンサイのマーボー風

材料（1人分）
牛赤身ひき肉…50g
チンゲンサイ…小1株(100g)
トマト(角切り)…½個(80g)
長ねぎ(みじん切り)…¼本(25g)
しょうが、にんにく(みじん切り)…各½かけ
豆板醬(トウバンジャン)…小さじ1
A ｜ しょうゆ、酒…各大さじ½
　 ｜ 砂糖…小さじ½
　 ｜ 水…大さじ2
　 ｜ 片栗粉…小さじ½
ごま油…小さじ1

作り方
❶ チンゲンサイの葉は3cm長さに切り、茎は六つ割りにしてかためにゆでる。
❷ フライパンにごま油を熱し、長ねぎ、しょうが、にんにく、豆板醬を入れて1分炒める。ひき肉、トマトを加えて1～2分炒め、Aを加えて味がなじんだら、❶のチンゲンサイを加えて一混ぜする。

牛もも焼き肉用肉

エネルギーは控えめでも、「お肉を食べた！」という満足感が得られる素材。鉄分も豊富です。

甘辛焼き

1人分 204kcal

材料（1人分）
牛もも焼き肉用肉…80g
しょうが、にんにく…各¼かけ
A ｜ しょうゆ…大さじ½
　｜ 砂糖…小さじ1
　｜ ごま油…小さじ1

作り方
❶ しょうがとにんにくはすりおろしてAと合わせ、牛肉にもみ込む。
❷ フライパンを熱し、❶を汁ごと焼く。2分焼き、表面に焼き色がついたら裏返し、さらに1～2分焼く。

焼き肉サラダ

1人分 173kcal

お肉と一緒に野菜もたっぷりとれる

材料（1人分）
牛もも焼き肉用肉…60g
レタス…1枚(30g)
にんじん…10g
ごま油…小さじ1
A ｜ しょうゆ、みりん…各小さじ1
　｜ 粗びき黒こしょう…少々
酢…小さじ1

作り方
❶ 牛肉は2～3等分に切る。レタスは手でちぎり、にんじんは薄い半月切りにする。
❷ フライパンにごま油を熱し、牛肉を入れて強火で表裏を2分ずつ焼き、Aをからめる。
❸ お弁当箱にレタス、にんじんを盛りつけ、牛肉を汁ごとのせ、酢をふる。

ストロガノフ風

1人分 234kcal

材料（1人分）
牛もも焼き肉用肉…60g
玉ねぎ（1cm幅のくし形切り）…¼個(40g)
にんじん（短冊切り）…20g
バター…小さじ1
A ｜ トマトケチャップ、中濃ソース
　｜ 　…各大さじ1½
　｜ 粒マスタード…小さじ1

作り方
❶ 牛肉は1枚を2～3等分に切る。フライパンにバターを熱し、玉ねぎ、にんじん、牛肉を順に炒める。牛肉の色が変わり、玉ねぎとにんじんがしんなりしたらAで調味する。
❷ 煮立ったら弱火にして、煮汁がなじむまで2～3分煮る。

チンゲンサイのみそ炒め

1人分 204kcal

材料（1人分）
牛もも焼き肉用肉…60g
小麦粉…小さじ1
チンゲンサイ（5cm長さの短冊切り）…小1株(100g)
長ねぎ（斜め切り）…¼本(25g)
サラダ油…小さじ1
A ｜ 甜麺醤（テンメンジャン）…大さじ¼
　｜ みそ…大さじ½
　｜ しょうゆ…小さじ1
　｜ 水…小さじ1

作り方
❶ 牛肉は一口大に切り、小麦粉をふる。
❷ フライパンにサラダ油を熱して❶を焼き、長ねぎ、チンゲンサイを加えて1～2分焼き、1～2分炒めてAを加え、味をからめる。

むきえび

下処理いらずのむきえびは、低脂肪で食べごたえがあります。きれいな赤い色はメインおかず向き!

1人分 235 kcal

かき揚げ

材料（1人分）
むきえび…60g
玉ねぎ（薄切り）…⅙個(25g)
小麦粉…大さじ3
水…大さじ1〜2
塩…少々
揚げ油…適量

> 具がヘルシーだから揚げ物もOK!

作り方
❶ ボウルに玉ねぎ、えびを入れて小麦粉と塩を加える。玉ねぎとえびから水分が出るので、少し粉っぽいくらいまで調整しながら水を加える。
❷ フライパンの1〜2cm深さに揚げ油を入れて170℃に熱し、❶を2等分して落とし入れる。色づいてかたくなってきたら裏返し、カラッと揚げる。

1人分 142 kcal

キャベツのチリソース

材料（1人分）
むきえび…80g
キャベツ（2cm角に切る）…1枚(50g)
しょうが、にんにく（みじん切り）…各¼かけ
サラダ油…小さじ1
A │ 豆板醤（トウバンジャン）…小さじ½
　│ トマトケチャップ…大さじ1
　│ しょうゆ…小さじ½〜1
　│ 片栗粉…2つまみ

作り方
❶ フライパンにサラダ油を熱し、しょうがとにんにくを炒め、香りが出てきたらえびを加える。
❷ えびの色が変わったらキャベツを加え、しんなりしたらAを回し入れ、汁けをとばすように炒める。好みで万能ねぎの斜め切り少々（分量外）を散らす。

1人分 110 kcal

エスニックソテー

材料（1人分）
むきえび…80g
セロリ…½本(40g)
サラダ油…小さじ1
塩、五香粉（ウーシャンフェン）、しょうゆ、ごま油…各少々

作り方
❶ セロリは茎と葉に分け、筋を取って斜め切りにする。葉はちぎる。
❷ フライパンにサラダ油を熱し、えび、セロリを炒める。塩で調味し、五香粉、しょうゆをふってごま油で香りをつける。

1人分 169 kcal

えび卵

材料（1人分）
むきえび…50g　　　ごま油…小さじ1
長ねぎ（ぶつ切り）　　溶き卵…1個分
　…¼本(30g)　　　砂糖…小さじ½
しょうが（せん切り）　塩…2つまみ
　…½かけ

作り方
❶ 溶き卵は塩、砂糖を加えて混ぜる。
❷ フライパンにごま油を熱し、しょうが、長ねぎ、えびを炒める。えびの色が変わって長ねぎがしんなりしたら卵液を流し入れ、まわりが固まったら大きく混ぜて火を通す。

いか

程よいかたさと弾力でかみごたえがある素材。大きめに切り、時間をかけて食べることで満足感が得られます。

1人分 130kcal

からし揚げ

青のりをまぶして彩りもきれい！

材料（1人分）
もんごういか…80g
A｜しょうゆ…小さじ1
　｜練りがらし…小さじ½
小麦粉、溶き卵、揚げ油…各適量
青のり…少々

作り方
❶ いかは斜めに切り込みを入れて短冊状に切り、Aで下味をつける。味がなじんだら小麦粉をまぶし、溶き卵にくぐらせる。
❷ フライパンの2cm深さに揚げ油を入れて170℃くらいに熱し、❶を揚げる。いかが丸まって色づいたら油をきり、半量に青のりをまぶす。

1人分 199kcal

角切り野菜の炒め物

材料（1人分）
もんごういか…80g　　　サラダ油…小さじ1
玉ねぎ…⅛個(20g)　　　塩、こしょう
にんじん…⅕本(30g)　　　…各少々
ピーマン…1個(30g)
生しいたけ…2枚(30g)
A｜ピーナッツバター…小さじ2
　｜しょうゆ…小さじ1

作り方
❶ いかは1.5cm角に、玉ねぎ、にんじん、ピーマン、生しいたけは1cm角の色紙に切る。
❷ フライパンにサラダ油を熱し、野菜ときのこを入れて1分焼き、いかを加えて2分炒める。いかが白っぽくなったら、Aを加えてからめ、塩、こしょうをふる。

身近な素材ですぐできてバターがきいてる！

1人分 131kcal

バター＆パプリカソテー

材料（1人分）
もんごういか…80g
バター…10g
塩、こしょう…各少々
パプリカパウダー…小さじ½
クレソン…適宜

作り方
❶ いかは斜め格子に切り込みを入れ、2cm角に切る。
❷ フライパンにバターを中火で熱し、溶けかけたらいかを入れて1分焼き、1～2分炒める。いかが白っぽくなって火が通ったら塩、こしょうをふり、パプリカをからめ、好みでクレソンを飾る。

1人分 105kcal

照り煮

材料（1人分）
もんごういか…80g
A｜水…大さじ3
　｜みりん…大さじ1
　｜しょうゆ…小さじ2
一味唐がらし…少々

作り方
❶ いかは斜め格子に切り込みを入れ、2cm角に切る。
❷ 鍋にAを入れて煮立て、いかを入れる。切れ込みが開いたら、弱火にして煮汁が少なくなるまで煮つめ、仕上げに一味唐がらしをふる。

まぐろ

刺身用なら赤身のものを。かじきでも代用可能。肉よりヘルシーなのにボリューム感を出せるのがポイント。

1人分 176 kcal

中華風ステーキ

材料（1人分）
- まぐろ…80g
- サラダ油…小さじ1
- いり白ごま…小さじ1
- 万能ねぎ（小口切り）…3本（3g）
- A
  - オイスターソース…大さじ½
  - にんにく（すりおろし）…少々
  - しょうゆ、酒…各小さじ1

作り方
❶ まぐろは4等分に切る。
❷ フライパンにサラダ油を熱し、❶のまぐろを入れ、表裏を2分ずつ焼き、Aを加える。からめながら火を通し、白ごまと万能ねぎを散らす。

1人分 163 kcal

カレームニエル

香ばしいカレー粉入りの衣でまぐろのうまみを閉じ込める！

材料（1人分）
- まぐろ…80g
  - 塩…2つまみ
- A
  - 小麦粉…小さじ2
  - カレー粉…小さじ½
- バター…5g
- クレソン…適宜

作り方
❶ まぐろは塩で下味をつける。Aを合わせて衣を作り、まんべんなくまぶして余分な粉をはたき落とす。
❷ フライパンにバターを熱し、中火で❶のまぐろの表裏を2分ずつ焼き、弱火にして中まで火を通す。あればクレソンを飾る。

1人分 178 kcal

照り焼き

材料（1人分）
- まぐろ…80g
- 小麦粉…小さじ1
- サラダ油…小さじ1
- A
  - みりん…大さじ½
  - しょうゆ…小さじ2
  - 水…小さじ2

作り方
❶ まぐろは半分に切り、小麦粉をまぶす。
❷ フライパンにサラダ油を熱し、表裏を2分ずつ焼き、Aを回し入れ、からめる。

1人分 178 kcal

ほうれんそうのアンチョビにんにく炒め

材料（1人分）
- まぐろ…70g
- アンチョビ…2枚
- にんにく（薄切り）…½かけ
- ほうれんそう…50g
- 赤ピーマン…½個（15g）
- しょうゆ…小さじ½
- サラダ油…大さじ½

作り方
❶ まぐろは一口大に切る。ほうれんそうは5cm長さに切り、赤ピーマンは5mm幅の輪切りにする。
❷ フライパンにサラダ油を熱し、まぐろ、にんにく、ほうれんそう、赤ピーマンを重ねて入れ2分焼き、1分炒めたらアンチョビを手でちぎって加え、上下を返して1分炒め、しょうゆをからめる。

卵

誰もが大好きな卵のおかず。野菜を組み合わせてボリュームを出しましょう。

1人分 203kcal

わかめ入り卵焼き

磯の香りいっぱいでヘルシーな卵焼き!

材料（1人分）
卵…2個
A│砂糖…小さじ1
　│しょうゆ…小さじ½
乾燥わかめ…小さじ1
サラダ油…小さじ1

作り方
❶ わかめは水でもどし、粗く刻む。卵は溶きほぐし、Aとわかめを加えて混ぜる。
❷ フライパンにサラダ油を熱して❶を流し入れ、まわりが固まってきたらゴムべらで大きくかき混ぜ、手前に向かってくるくると巻く。アルミホイルで包んで形を整え、粗熱がとれたら切り分ける。

1人分 218kcal

桜えび入りチジミ風

材料（1人分）
卵…2個　　　　　にら…7～8本(20g)
A│しょうゆ…小さじ½　桜えび…大さじ2
　│ごま油…1～2滴　　サラダ油
　│豆板醤…小さじ¼　　…小さじ1

作り方
❶ にらは4～5cm長さに切る。卵は溶きほぐし、Aを加えて混ぜる。
❷ フライパンにサラダ油を熱し、にらをさっと炒め、桜えびを加える。卵液を流し入れてかるく混ぜ、中火で2～3分焼き、返して2～3分焼き、取り出して切り分ける。

1人分 199kcal

ひき肉の卵とじ

材料（1人分）
卵…1個　　　　　　冷凍グリンピース
牛赤身ひき肉…30g　　　…大さじ1
玉ねぎ(薄切り)…¼個(40g)
サラダ油…小さじ1
A│しょうゆ…小さじ2
　│砂糖…小さじ1
　│水…カップ¼

作り方
❶ フライパンにサラダ油を熱し、ひき肉と玉ねぎを炒め、玉ねぎがしんなりしたらAを加える。
❷ 煮立ったら卵を溶きほぐして回し入れ、半熟状になるまで弱めの中火で火を通す。仕上げにグリンピースを加えてスプーンで大きく一混ぜする。

1人分 249kcal

野菜たっぷりオムレツ

材料（1人分）
溶き卵…2個分
塩…2つまみ
A│さやいんげん(1cm幅に切る)…2本(15g)
　│玉ねぎ(1cm角に切る)…⅛個(20g)
　│赤ピーマン(1cm角に切る)…½個(15g)
　│ホールコーン…大さじ1
サラダ油…小さじ1
バター…5g

作り方
❶ 溶き卵に塩を加えて混ぜる。
❷ フライパンにサラダ油とバターを熱してAを1分焼き、1分炒める。
❸ ❶を流し入れ、まわりが固まったら大きく混ぜ、フライパンよりふた回り小さくまとめる。ふたをして弱火で2～3分蒸し焼きにする。

厚揚げ

ボリュームがあって日持ちのする厚揚げは貴重なたんぱく源。十分メインおかずになります。

1人分 179kcal

しょうが焼き

材料（1人分）
厚揚げ…½枚(80g)
サラダ油…小さじ１
A｜しょうが(すりおろす)…½かけ
　｜酒…大さじ½
　｜砂糖…小さじ½
　｜しょうゆ…大さじ½

作り方
❶ 厚揚げはぬるま湯でさっと洗い、１〜1.5cm厚さに切る。
❷ フライパンにサラダ油を熱して❶の厚揚げを入れ、表裏に焼き色がついたらＡを回し入れ、汁けがなくなるまで炒める。

1人分 176kcal

しそはさみ焼き

材料（1人分）
厚揚げ…½枚(80g)
みそ…大さじ½
青じそ…4枚
サラダ油…小さじ１

お好みのみそで作って。後味はしそでさっぱり！

作り方
❶ 厚揚げは２等分に切り、それぞれ厚みに半分まで切り込みを入れる。
❷ 切れ込みの間にみそを塗り、青じそを２枚ずつたたんではさむ。
❸ フライパンにサラダ油を熱し、❷の表裏を２分ずつ焼く。

1人分 164kcal

ペッパーステーキ

材料（1人分）
厚揚げ…½枚(80g)
塩、こしょう、小麦粉…各少々
粗びき黒こしょう…小さじ½
サラダ油…小さじ１

作り方
❶ 厚揚げは厚みを半分に切り、塩、こしょうをふる。切り口に小麦粉をまぶし、粗びき黒こしょうをまぶす。
❷ フライパンにサラダ油を熱し、❶の粗びき黒こしょうをふった側を下にして焼く。焼き色がついたら裏返して反対側も焼く。

下処理不要の厚揚げならマーボー豆腐もあっという間

1人分 225kcal

マーボー豆腐風

材料（1人分）
厚揚げ…½枚(80g)
豚赤身ひき肉…30g
長ねぎ…⅓本(30g)
サラダ油…小さじ１
豆板醤(トウバンジャン)…小さじ½
A｜しょうゆ…大さじ½
　｜砂糖、酒…各小さじ½
　｜片栗粉…小さじ½
　｜水…大さじ２

作り方
❶ 厚揚げはぬるま湯でさっと洗い、一口大に切る。長ねぎはみじん切りにする。
❷ フライパンにサラダ油を熱して豆板醤、長ねぎを炒め、香りが出たらひき肉を加える。ひき肉の色が変わったら、厚揚げを加えて２分炒め煮にする。
❸ Ａを回し入れ、とろみがつくまで炒める。

週末にまとめて作るパンとケーキ

バターや砂糖控えめのヘルシーなケーキは、お弁当の主食としても活躍。週末に作って冷凍しておけば、自然解凍するだけで食べられます。

＼ お弁当の主食がわりに！ ／

1個分 238kcal

※1個ずつラップで包んで冷凍し、持っていくときは自然解凍する。冷蔵庫で5日、冷凍庫で14日保存可能。

さつま芋と黒ごまのケーキ

材料
（3.5×3×8cmの紙製パウンド型8個分）

- さつま芋…250g
- A │ 砂糖…10g
  │ 牛乳…大さじ2
- B │ 薄力粉…200g
  │ ベーキングパウダー
  │ 　…大さじ1
- 卵…1個
- C │ 砂糖…50g
  │ 牛乳…大さじ2
- 溶かしバター…50g
- いり黒ごま…大さじ2

作り方

❶ さつま芋はよく洗い、皮ごと1cm角に切って耐熱皿に並べ、Aをふり、ふんわりとラップをかけて電子レンジで6～7分加熱する。さつま芋がやわらかくなったら、ラップを外して粗熱をとる。

❷ ボウルに卵を溶きほぐし、C、溶かしバターを順に加え、泡立て器で全体がなじむまで混ぜる。

❸ Bを合わせて❷にふるい入れ、ゴムべらでかるく混ぜ、❶、いり黒ごまを加えて全体が均一になるまでさっくりと混ぜ合わせる。

❹ ❸を8等分して型に分け入れ、180℃に予熱したオーブンで17～20分焼く。

素材別
お弁当のおかず事典

野菜のサブおかず編

お弁当のサブおかずは、1週間に何度登場してもいいように日持ちのする野菜を選びました。ボリュームのある根菜類のおかず、彩りがきれいな野菜など、メインおかずとの相性を考えながら組み合わせてみてください。

サブおかずのポイント

1 ダイエット中に十分にとりたい栄養を含み、比較的**日持ちのする身近な野菜**を使いまわします。

2 ごろごろしてかさのある野菜、**ボリューム感のある野菜**を選ぶことで見た目にも満足します。

3 鮮やかな赤やグリーン、黄色など、**カラフルな野菜**でお弁当がおいしそうに仕上がります。

じゃが芋

常温保存で長持ちして、季節を問わず手に入ります。ビタミンCが豊富で、主食がわりにもなる素材。

1人分 165 kcal

1人分 120 kcal

カレーきんぴら

材料（1人分）
じゃが芋…小1個(100g)
サラダ油…小さじ1
A｜しょうゆ…小さじ1
　｜みりん…大さじ1
　｜カレー粉…小さじ½
　｜水…大さじ1
塩、こしょう…各少々

作り方
❶ じゃが芋は皮がついたまま、1cm角の棒状に切る。
❷ フライパンにサラダ油を熱し、❶を2分焼き、1～2分炒める。じゃが芋が透き通ってきたらAを加えて汁けがなくなるまでよく炒める。塩、こしょうで味を調える。

レンジマッシュポテト

材料（1人分）
じゃが芋…小1個(100g)
プロセスチーズ…10g
牛乳…大さじ1～2
塩…2つまみ
パセリ(みじん切り)…少々

作り方
❶ じゃが芋は半分に切り、それぞれ皮つきのままラップで包み、電子レンジで4～5分加熱する。プロセスチーズは5mm角に切る。
❷ 熱いうちに手早くじゃが芋の皮をむき、フォークで粗くつぶして牛乳と塩を加える。粗熱がとれたらパセリと❶のプロセスチーズを加えて混ぜる。

1人分 130 kcal

1人分 169 kcal

ヘルシーポテトサラダ

材料（1人分）
じゃが芋…½個(80g)
ボンレスハム…1枚(15g)
赤ピーマン…½個(15g)
きゅうり…¼本(25g)
A｜サラダ油…小さじ1
　｜酢…小さじ1
　｜塩…2つまみ
　｜こしょう…少々

作り方
❶ じゃが芋は5mm角の棒状に切る。鍋に湯を沸かして3～4分ゆで、ざるにとって手早く冷ます。
❷ ハムと赤ピーマンは4～5cm長さ、1cm幅の短冊切りにする。きゅうりも同じくらいの大きさに切る。
❸ ❶と❷をAであえる。

肉なしじゃが煮

材料（1人分）
じゃが芋…小1個(100g)　サラダ油…小さじ1
にんじん…⅕本(30g)　　しょうゆ…大さじ1
玉ねぎ…¼個(40g)　　　砂糖…大さじ½

作り方
❶ じゃが芋、にんじんは1.5cm角に切る。玉ねぎは薄切りにする。
❷ 鍋にサラダ油を熱し、じゃが芋、にんじん、玉ねぎを順に炒め、じゃが芋のまわりが十分に透き通ったら、水カップ¼を注ぐ。煮立ったら砂糖、しょうゆを加え、上下を返しながら5～6分煮る。

にんじん

彩りがきれいでβカロテンや食物繊維も豊富。お弁当のアクセントに、味つけにも一工夫しました。

1人分 29 kcal

ピリ酢煮

ピリッとした風味がお弁当のアクセントに！

材料（1人分）
にんじん…50g
A｜酢…大さじ1
　｜しょうゆ…大さじ½
　｜水…大さじ2
　｜砂糖…小さじ1
　｜赤唐がらし（小口切り）…½本

作り方
❶ にんじんは7～8mm厚さの半月切りにする。
❷ 鍋にAと❶を入れて火にかけ、煮汁が沸騰したら上下を返して火をとめ、粗熱をとる。

1人分 70 kcal

黒ごまあえ

シャキシャキ感を残してにんじんをゆでて！

材料（1人分）
にんじん…50g
A｜すり黒ごま…大さじ⅔
　｜砂糖、しょうゆ…各小さじ1

作り方
❶ にんじんは3～4cm長さの短冊切りにする。Aを合わせてあえ衣を作る。
❷ 鍋に湯を沸かし、❶のにんじんを1分ゆで、ざるに上げて冷ます。
❸ ❷を❶のあえ衣であえ、味をなじませる。

1人分 79 kcal

ソース炒め

材料（1人分）
にんじん…50g
サラダ油…小さじ1
中濃ソース…大さじ1

作り方
❶ にんじんは小さめの乱切りにする。
❷ フライパンにサラダ油を熱し、❶を炒める。にんじんが透き通ってきたら中濃ソースを加えて、汁けをとばしながら炒める。

1人分 80 kcal

大根のコールスロー

材料（1人分）
にんじん…30g
大根…100g
玉ねぎ…15g
A｜塩…小さじ¼
　｜水…大さじ2
B｜酢、サラダ油…各小さじ½
　｜マヨネーズ…小さじ1
キウイフルーツ（輪切り）…適宜

作り方
❶ にんじん、大根は太めのせん切りにし、玉ねぎは薄切りにする。ボウルに入れ、Aをからめて5分おき、水けを絞る。
❷ Bを加え、味を全体になじませる。好みでキウイを添える。

大根

ボリュームおかずからつけ合わせまで、幅広く活躍する野菜です。

1人分 115kcal

1人分 70kcal

スティックツナサラダ

材料（1人分）
大根…70g
A｜ツナ（スープ煮・缶詰）…50g
　｜マヨネーズ…小さじ2
　｜塩、こしょう…各少々
クレソン（飾り用）…適宜

作り方
❶ 大根は1cm角の棒状に切る。
❷ Aを混ぜ合わせてディップを作り、あればクレソンを飾る。

オイスターステーキ

しっかりした味つけで食べごたえも十分！

材料（1人分）
大根…100g
サラダ油…小さじ1
A｜水…小さじ2
　｜オイスターソース…小さじ2
　｜砂糖…1つまみ
万能ねぎ（斜め薄切り）…少々

作り方
❶ 大根は7～8mm厚さの輪切りにする。
❷ フライパンにサラダ油を熱し、強めの中火で大根の表裏を2分ずつ焼く。焼き色がついたらAを加えて全体にからめ、万能ねぎを飾る。

1人分 38kcal

簡単にできるけど本格的な味わい！

1人分 20kcal

ピクルス

材料（1人分）
大根…70g
にんじん…20g
A｜酢…大さじ3
　｜水…大さじ2
　｜ローリエ…½枚
　｜にんにく（薄切り）…1枚
　｜赤唐がらし（小口切り）…少々
　｜塩…小さじ¼
　｜砂糖…小さじ2

作り方
❶ 大根とにんじんは細めの乱切りにする。
❷ 鍋にAを入れて火にかけ、煮立ったら大根、にんじんを入れ、上下をよく返して火をとめる。

浅漬け

材料（1人分）
大根…70g　　　A｜塩…小さじ¼
大根の葉…20g　　｜砂糖…小さじ½
　　　　　　　　　｜水…大さじ1

作り方
❶ 大根は1～2mm厚さのいちょう切りにする。大根の葉は1cm長さに切る。
❷ ボウルに大根と大根の葉を合わせてAをからめて5分おき、水けをかるく絞る。

45

かぼちゃ

免疫力を高めるβカロテン、ビタミンC、Eを含む優秀素材。電子レンジでおいしくできるのもうれしい。

1人分 89 kcal

レンジ甘煮

材料（1人分）
かぼちゃ…80g
A ｜ 砂糖…小さじ1
　｜ しょうゆ…小さじ1
　｜ 水…大さじ1

作り方
❶ かぼちゃは皮ごと5mm厚さに切り、耐熱ボウルに入れてAをふる。
❷ ❶にふんわりとラップをかけ、電子レンジで2〜3分加熱する。

1人分 103 kcal

レンジバター蒸し

材料（1人分）
かぼちゃ…80g
塩…少々
バター…小さじ1
シナモン…少々

作り方
❶ かぼちゃは5mm厚さに切り、耐熱ボウルに入れてバター、塩をふり、ふんわりとラップをかけ、電子レンジで2〜3分加熱する。
❷ ラップを外して上下を返し、シナモンをふりかける。

甘いものが食べたいときにデザート感覚で食べられる！

1人分 120 kcal

小豆あえ

材料（1人分）
かぼちゃ…60g
ゆで小豆（缶詰）…30g
水…小さじ2

作り方
❶ かぼちゃは皮ごと5mm厚さに切る。
❷ ❶を耐熱ボウルに入れ、ゆで小豆と水を加え、ふんわりとラップをかけて電子レンジで3分加熱し、上下を返す。

1人分 195 kcal

ガーリックチーズソース添え

材料（1人分）
かぼちゃ…80g
ピーマン、赤ピーマン…各½個（30g）
A ｜ クリームチーズ（常温に戻す）…30g
　｜ ガーリックパウダー…2ふり
　｜ 塩…少々
　｜ 牛乳…大さじ1〜2
　｜ パセリ（みじん切り）…小さじ⅓

作り方
❶ かぼちゃは皮ごと2cm角に切り、ふんわりとラップで包んで電子レンジで2〜3分加熱する。ピーマン、赤ピーマンは乱切りにし、同様にして30秒くらい加熱する。
❷ Aのクリームチーズをよく練り混ぜ、残りのAを加えてソースを作り、別容器で持っていく。

キャベツ

一年中手に入りやすく、グリーンの彩りもきれい。ゆでたり、煮たり、ダイエット弁当にぴったりです。

1人分 31 kcal

甘酢しょうがあえ

材料（1人分）
キャベツ…80g
甘酢しょうが…20g
甘酢しょうがのつけ汁…小さじ1〜2

作り方
❶ キャベツは3〜4cm角に切り、熱湯で30秒ゆでてざるにとり、手早く冷ます。
❷ 甘酢しょうがは薄切りにして、つけ汁を加えてキャベツとあえる。味をみて、塩けが足りないようなら好みで塩をふる。

1人分 79 kcal

コチュジャン炒め

ご飯にぴったりの甘辛い味つけ

材料（1人分）
キャベツ…100g
ごま油…小さじ1
コチュジャン…大さじ½

作り方
❶ キャベツは手で一口大にちぎる。
❷ フライパンにごま油を熱し、キャベツを炒める。キャベツがしんなりしてきたらコチュジャンを加えて全体をよく混ぜ、味をなじませる。

1人分 67 kcal

ツナの煮浸し

材料（1人分）
キャベツ…80g
ツナ（スープ煮・缶詰）…30g
A｜ツナの缶汁…大さじ3
　｜水…大さじ2
　｜しょうゆ、みりん…各小さじ1
　｜しょうが（薄切り）…2枚

作り方
❶ キャベツは手で3〜4cm角にちぎる。ツナは缶汁と分け、中身をほぐす。
❷ 鍋にAを入れて火にかけ、沸騰したらキャベツを加えて上下を返し、キャベツがしんなりするまで煮る。ツナを加え、一混ぜする。

1人分 24 kcal

梅じょうゆあえ

材料（1人分）
キャベツ…80g
梅干し…1個
しょうゆ…小さじ½

作り方
❶ キャベツは3〜4cm角に手でちぎり、熱湯で30秒ゆでてざるにとり、手早く冷ます。
❷ 梅干しは種を取って、手で粗くちぎる。
❸ ❷としょうゆを合わせて、❶とあえる。

ほうれんそう・小松菜

ビタミンC、βカロテン、鉄分、カルシウムと栄養豊富。食べやすく切り、一食分ずつに。

1人分 44kcal

ちりめんじゃこサラダ

材料（1人分）
ほうれんそう…50g
ちりめんじゃこ…大さじ1
A｜しょうゆ…小さじ1
　｜サラダ油、酢…各小さじ½
　｜こしょう…少々

作り方
❶ フライパンにちりめんじゃこを広げて中火にかけ、きつね色になるまでからいりする。
❷ ほうれんそうはよく洗って水けをきり、食べやすい大きさに切る。
❸ ❶と❷を容器に盛り合わせる。Aを混ぜ合わせてドレッシングを作り、別容器で持っていき、食べる直前にかける。

1人分 31kcal

簡単バターソテー風

ほんのりバター風味が食欲をそそる！

材料（1人分）
ほうれんそう…70g
バター…小さじ½
しょうゆ…小さじ½

作り方
❶ ほうれんそうは3〜4cm長さに切る。
❷ 鍋に湯を沸かし、ほうれんそうを入れる。しんなりしたらざるにとって手早く水けを絞り、ボウルに入れてバター、しょうゆをからめる。

1人分 72kcal

明太子炒め

明太子が調味料がわり。ピンクの彩りもきれい！

材料（1人分）
小松菜…70g
明太子…¼腹（20g）
サラダ油…小さじ1
こしょう…少々

作り方
❶ 小松菜は3〜4cm長さに切り、明太子は手でほぐす。
❷ フライパンにサラダ油を熱して小松菜を広げて1分焼き、明太子を加えて炒める。小松菜がしんなりして明太子が白っぽくなったら、こしょうで味を調える。

1人分 47kcal

しょうが風味浸し

材料（1人分）
小松菜…70g
しょうが…½かけ
桜えび…大さじ1
A｜しょうゆ…小さじ1
　｜みりん…大さじ½
　｜水…カップ¼

作り方
❶ 小松菜は3〜4cm長さに切る。しょうがはせん切りにする。
❷ 鍋にAを煮立たせてしょうが、小松菜を入れ、小松菜がしんなりしてきたら上下を返し、桜えびを加えて一混ぜする。

ブロッコリー

きれいな緑色でβカロテン、ビタミンC、Eが豊富な優秀素材。お弁当箱に詰めやすいコロンとした形もポイント。

チーズソース添え

1人分 64kcal

濃厚なソースで野菜をたっぷり食べよう！

材料（1人分）
ブロッコリー…50g
A｜カッテージチーズ…20g
　｜マヨネーズ…小さじ1
　｜塩…少々

作り方
❶ ブロッコリーは小房に分け、かためにゆでてざるに上げ、手早く冷ます。
❷ Aを混ぜ合わせ、ブロッコリーに添える。

昆布あえ

1人分 20kcal

材料（1人分）
ブロッコリー…50g
塩昆布…4つまみ

作り方
❶ ブロッコリーは小房に分け、熱湯でかためにゆでて、ざるに上げる。
❷ ブロッコリーが温かいうちに塩昆布と合わせ、味をなじませる。

マスタードマヨネーズあえ

1人分 75kcal

材料（1人分）
ブロッコリー…70g
塩…少々
A｜マヨネーズ…大さじ½
　｜粒マスタード…小さじ1

作り方
❶ ブロッコリーは小房に分け、熱湯でかためにゆでる。ざるに上げ、塩をふる。
❷ Aをよく混ぜ合わせ、❶をあえる。

ブロッコリーの茎も捨てずにお弁当に活用！

きんぴら

1人分 86kcal

材料（1人分）
ブロッコリー（茎も含む）…70g
サラダ油…小さじ1
しょうゆ…小さじ1
みりん…大さじ½

作り方
❶ ブロッコリーの茎は3～4cm長さの短冊切り、房は小さめの小房に分ける。
❷ フライパンにサラダ油を中火で熱し、ブロッコリーの茎を1～2分焼き、1～2分炒める。透き通ってきたら房を加え、しょうゆ、みりんを加えて味をからめる。

ピーマン

赤と緑を使うとお弁当の彩りが決まります。火が通りやすく、ビタミンCもたっぷり。赤はパプリカで代用しても。

1人分 23 kcal

おかかあえ

材料（1人分）
ピーマン、赤ピーマン…各1個(60g)
しょうゆ…小さじ1
削り節…適量

作り方
❶ ピーマン、赤ピーマンは、1cm幅の輪切りにし、熱湯で30秒くらいゆで、ざるに上げて水けをよくきる。
❷ ❶にしょうゆをからめ、削り節をまぶす。

1人分 47 kcal

赤ピーマンは独特の甘みがあっておいしい

マリネ

材料（1人分）
赤ピーマン…2個(60g)
A ｜ 酢…大さじ1
　｜ 水…大さじ1
　｜ にんにく(すりおろす)…½かけ
　｜ 塩…小さじ¼
　｜ 砂糖…小さじ1
　｜ オリーブ油…小さじ1
パセリ(みじん切り)…適量

作り方
❶ 赤ピーマンは一口大に切る。
❷ Aを混ぜ合わせてマリネ液を作る。❶をマリネ液につけ込み、味をなじませる。仕上げにパセリを散らす。

1人分 81 kcal

どんなおかずにも合うピリッとスパイシーな1品

1人分 56 kcal

鍋しぎ風

材料（1人分）
ピーマン、赤ピーマン…各1個(60g)
ごま油…小さじ1
A ｜ みそ…大さじ½
　｜ 砂糖…小さじ½
　｜ 酒…小さじ1

作り方
❶ ピーマン、赤ピーマンは乱切りにする。Aはよく混ぜる。
❷ フライパンにごま油を熱し、ピーマン、赤ピーマンを加えて1～2分焼き、1～2分炒める。Aを加え、味が全体になじんだら火をとめる。

こしょう炒め

材料（1人分）
ピーマン…2個(60g)
オリーブ油…小さじ1
粗びき黒こしょう…小さじ¼
しょうゆ…小さじ1

作り方
❶ ピーマンは1cm幅の輪切りにする。
❷ フライパンにオリーブ油を熱してピーマンを炒め、しんなりしてきたら粗びき黒こしょうを加えて炒め、香りが出たら、しょうゆを加えて全体によくからめる。

チンゲンサイ

根元はしっかりしているので食べごたえがあります。βカロテン、ビタミンCも多い素材。

1人分 164 kcal

ソーセージソテー

材料（1人分）
チンゲンサイ…小1株(100g)
ウインナーソーセージ…2本
サラダ油…小さじ1
しょうゆ…小さじ½

ソーセージ入りだからメインみたいなボリューム

作り方
❶ チンゲンサイの葉は3〜4cm長さに切り、茎は四つ割りにする。ウインナーソーセージは1cm幅の斜め切りにする。
❷ フライパンにサラダ油を熱し、ウインナーソーセージ、チンゲンサイの茎を広げて1〜2分焼く。葉を加えて上下を返しながら炒め、しょうゆをからめる。

1人分 55 kcal

ごま油浸し

材料（1人分）
チンゲンサイ…小1株(100g)
A｜しょうゆ…小さじ1
　｜ごま油…小さじ1
　｜こしょう…少々
いり白ごま…小さじ¼

作り方
❶ チンゲンサイの葉は3〜4cm長さに切り、茎は六つ割りにする。
❷ 鍋に湯を沸かして、❶を30秒ゆでる。ざるに上げて水けをきる。
❸ ❷をAであえて白ごまをふる。

1人分 19 kcal

ザーサイ添え

材料（1人分）
チンゲンサイ…小1株(100g)
ザーサイ（粗みじん切り）…15g
しょうゆ…小さじ½

作り方
❶ チンゲンサイの葉は3〜4cm長さに切り、茎は繊維を断ち切るように2cm長さに切る。
❷ 鍋に湯を沸かし、❶を30秒ゆでてざるに上げ、水けをきる。
❸ ❷にしょうゆをからめ、ザーサイをのせる。

1人分 42 kcal

オイスターマヨネーズあえ

材料（1人分）
チンゲンサイ…小1株(100g)
マヨネーズ、オイスターソース…各小さじ1

作り方
❶ チンゲンサイの葉は3〜4cm長さに切り、茎は六つ割りにする。
❷ 鍋に湯を沸かし、❶を30秒ゆで、ざるに上げて水けをきる。
❸ マヨネーズ、オイスターソースをよく混ぜ合わせ、❷をあえる。

きのこ類

食物繊維豊富で低カロリー、とダイエットの味方！たくさん食べられるおかずが一品あるとおなかも満足。

1人分 17 kcal

えのきのカレーゆで

カレーじょうゆ味の存在感のあるおかず

材料（1人分）
えのきだけ…½袋(50g)
カレー粉…小さじ½
塩、サラダ油…各少々
しょうゆ…小さじ½

作り方
❶ えのきだけは2～3cm長さに切る。
❷ 鍋にカップ1の湯を沸かし、カレー粉、塩、サラダ油を加え、えのきだけを1分ゆでる。しんなりしたら水けをきってしょうゆを加える。あればパセリのみじん切り（分量外）を散らす。

1人分 75 kcal

えのきしそ巻きソテー

材料（1人分）
えのきだけ…1袋(100g)
小麦粉…小さじ1
青じそ…3枚
サラダ油…小さじ1
しょうゆ…小さじ1

作り方
❶ えのきだけは3等分する。
❷ ❶に小麦粉をふり、青じそ1枚ずつにそれぞれのせて、端からきつく巻いていく。
❸ フライパンにサラダ油を熱し、❷の巻き終わりを下にして焼く。巻き終わりがくっついたらフライパンの上でころがしながら加熱し、えのきだけがしんなりしたら、しょうゆを回し入れて調味する。

1人分 68 kcal

えのきのドレッシングあえ

材料（1人分）
えのきだけ…½袋(50g)
きゅうり（せん切り）…¼本(25g)
にんじん（せん切り）…10g
A ｜ 酢、しょうゆ…各大さじ½
　　サラダ油…小さじ1
　　砂糖…小さじ½

作り方
❶ えのきだけはきゅうり、にんじんとともにボウルに入れる。
❷ ボウルにAを合わせて❶を加え、しんなりするまであえる。

1人分 45 kcal

しいたけの洋風マリネ

お好みのきのこで作ってみて

材料（1人分）
生しいたけ…4枚(60g)
（または好みのきのこ60g）
A ｜ オリーブ油…大さじ½
　　白ワイン…大さじ½
　　酢…小さじ1
　　塩…小さじ¼
　　砂糖…小さじ½

作り方
❶ しいたけは縦四つ割りにする。ボウルにAを混ぜ合わせて、マリネ液を作る。
❷ 鍋に湯を沸かし、❶のしいたけを1分ゆでる。しんなりしたらざるにとり、水けをよくきり、熱いうちに❶のマリネ液につけ込む。

週末にまとめて作るパンとケーキ

時間があるときに、発酵なしの簡単なパンを作ってみましょう。市販のパンよりもヘルシーで、チーズやくるみなど好きな具を入れられるのがいいですね。

＼ お弁当の主食がわりに！ ／

1食分（2切れ）
169 kcal

※1cm厚さに切り分けて1枚ずつラップで包んで冷凍し、持っていくときはフライパンで両面をさっと焼いても。冷蔵庫で5日、冷凍庫で14日保存可能。

チーズとくるみのパン

材料（10×20cm 1本分）

A
- 薄力粉…100g
- 強力粉…100g
- ベーキングパウダー…大さじ1
- ナツメグ…小さじ1/3
- 砂糖…大さじ2
- 塩…小さじ1/4

B
- 卵…1個
- 牛乳…カップ1/3
- サラダ油…大さじ1

- ボンレスハム…50g
- プロセスチーズ…70g
- くるみ…50g

作り方

❶ プロセスチーズ、ハムは1cm角に切り、くるみは包丁で粗く刻む。Bは混ぜ合わせる。

❷ Aはすべて合わせてボウルにふるい入れ、Bを加えて手でよく混ぜ合わせる。

❸ 生地にまとまりが出てきたら、台の上に移し、表面につやが出てなめらかになるまで3分くらい手でこね、くるみとハムを混ぜ込む。

❹ 打ち粉（分量外）をした台で❸の生地をめん棒で1cmくらいの厚さの四角にのばし、全体にチーズを散らして、端から丸めていく。丸めた端を指でつまんでしっかりとじ、180℃に予熱したオーブンで30分焼く。

主食だけでもOK! 特急バランス弁当

主食とおかずが一体になったもの、火を使わずにできるもの、少ない素材で作れるものなどは寝坊した朝でもすぐできる「がんばらない」ダイエット弁当の代表。こんなに簡単でも「あり」なのだと思っていただければうれしいです。

具だくさん炒飯弁当

1人分 593 kcal

具をあとからご飯に混ぜ込むので、油をたくさん使いません。冷蔵庫にちょっとずつ残った野菜をどんどん入れてしまいましょう。

材料（1人分）

豚もも薄切り肉…70g
　　しょうゆ、酒…各小さじ1
チンゲンサイ…小1株(100g)
長ねぎ(ぶつ切り)…¼本(20g)
赤ピーマン(2cm角に切る)…1個(30g)
生しいたけ(縦4つに裂く)…3枚(45g)
ホールコーン…30g
サラダ油…大さじ½
塩…小さじ¼
ガーリックパウダー…少々
ご飯…180g
A｜ごま油…小さじ1
　｜オイスターソース…小さじ1

作り方

❶ 豚肉は2～3cm幅に切ってしょうゆと酒で下味をつける。チンゲンサイは葉を外して2～3cm長さに切る。
❷ フライパンにサラダ油を中火で熱し、豚肉とチンゲンサイの茎を炒める。長ねぎ、赤ピーマン、しいたけ、チンゲンサイの葉を水分が多い順に重ねて1～2分焼き、1～2分炒める。
❸ ❷に塩、ガーリックパウダーをふってコーンを加える。
❹ 炊きたてのご飯にAと❸を加え、全体をよく混ぜ合わせる。

キャベツとツナの簡単パスタ弁当

1人分 462 kcal

パスタも野菜も同じ鍋でゆでてしまうので、後片付けも簡単です。短時間でゆで上がる細めのパスタを使えば、あっという間にできてしまいます。

材料（1人分）

キャベツ…100g
玉ねぎ…¼個(40g)
にんじん…⅕本(30g)
スパゲティ(1.6mm)…60g
ツナ(スープ煮・缶詰)…70g
A｜ツナの缶汁…大さじ2
　｜オリーブ油…大さじ1
　｜粗びき黒こしょう…小さじ½
　｜塩…小さじ¼
　｜しょうゆ…小さじ1
　｜赤唐がらし(ちぎる)…½本

作り方

❶ キャベツは3cm角に切り、玉ねぎは繊維を断つように1cm幅に切り、にんじんは半月切りにする。
❷ ボウルに汁けをきったツナとAを入れて混ぜ合わせる。
❸ スパゲティは塩を加えた熱湯で表示時間通りにゆでる。ゆで上がる2分前に玉ねぎ、にんじん、1分前にキャベツを加えて一緒にゆで、ざるに上げる。
❹ ❷に❸を加えてよくあえる。

炒めないから手軽！
余った野菜を活用して
彩りもきれい♥

ゆでるだけで簡単！
たったこれだけで
栄養バランスもOK

切ってはさむ
だけなのに
見た目がおしゃれ◎

HCTL（ハム・チーズ・トマト・レタス）サンド弁当

火を使わず、材料を切ってはさむだけの簡単なサンドイッチ。かみごたえのあるフランスパンを使うので、食べ終えたあとの満足感も大きいです。

1人分
569 kcal

材料（1人分）
細めのフランスパン…1本(100g)
マヨネーズ…大さじ½
レタス…2枚(60g)
トマト…½個(80g)
スライスチーズ…2枚
ボンレスハム…4枚(60g)
粒マスタード…大さじ1

作り方
❶ フランスパンは長さを半分に切り、厚みに半分まで切り込みを入れて、マヨネーズを塗る。
❷ レタスは一口大にちぎり、トマトは1cm厚さの半月切りにして水けをふく。スライスチーズ、ハムは半分に折る。
❸ レタス、チーズ、ハム、トマトを重ね、❶の切れ込みにはさむ。これをもう1つ作り、粒マスタードを添える。

ご飯もパンもない！というときにはこれが強い味方！

ボイル野菜のミートソース弁当

ほとんどの調理が電子レンジで済んでしまうので、忙しい朝でも手軽に作れます。たまにはじゃが芋をお弁当の主食にしてみるのもおすすめです。

1人分 486 kcal

材料（1人分）

- じゃが芋…小2個(200g)
- バター…10g
- ブロッコリー（小房に分ける）…70g
- A
  - 牛赤身ひき肉…30g
  - 水…大さじ2
  - レトルトミートソース…カップ½
  - こしょう…少々
- カマンベールチーズ…30g

作り方

❶ じゃが芋は皮ごと半分に切り、それぞれラップで包んで電子レンジで4～5分加熱し、ラップを外して温かいうちに1cm厚さに切って、バターをなじませる。

❷ ブロッコリーは水にくぐらせ、ふんわりとラップで包み、電子レンジで1～2分加熱する。

❸ 小鍋にAを合わせて火にかけ、煮立ったらよく混ぜて1～2分煮る。

❹ お弁当箱に❶、❷を盛り、カマンベールチーズを添える。❸は別容器に入れる。

ゆでうどんなら
すぐ完成！
ナツメグをきかせて
エスニック風に！

エスニック風焼きうどん弁当

主食だけのダイエット弁当で大切なのは野菜を多く入れること。材料表通りでなくてもいいので、「今日は冷蔵庫の掃除」という日に作るのもいいですね。

1人分
514 kcal

材料（1人分）

ゆでうどん…1玉（250g）
牛赤身ひき肉…70g
A│しょうゆ…小さじ1
　│砂糖…小さじ1
にら（3cm長さに切る）…30g
もやし…50g
にんじん（小さめの乱切り）…1/5本（30g）
ごま油…大さじ1
塩…小さじ1/4
しょうゆ…適量
ナツメグ、いり白ごま…各少々

作り方

❶ ひき肉にAをからめる。ゆでうどんはほぐす。
❷ フライパンにごま油を熱し、にんじん、ひき肉を広げて1〜2分焼き、1〜2分炒める。
❸ ❷にゆでうどんを加えて広げ、1〜2分焼き、にら、もやしを加えながら全体がほぐれるまで炒める。塩、しょうゆで調味して、仕上げにナツメグと白ごまをふる。

とにかく手軽にできる！
ソース＆ケチャップの
ノスタルジックな味

1人分
552 kcal

ソース卵焼き丼弁当

目玉焼きをペタンと半分に折ってケチャップとソースで味つけした、どこか懐かしい味のお弁当。フライパンひとつでできるから簡単です。

材料（1人分）

卵…2個
小松菜（3cm長さに切る）…50g
玉ねぎ（薄切り）…¼個（40g）
サラダ油…小さじ2
塩…2つまみ
こしょう…少々
A│中濃ソース…大さじ2
　│トマトケチャップ
　│　…小さじ1
ご飯…150g

作り方

❶ フライパンにサラダ油小さじ1を中火で熱し、小松菜、玉ねぎを広げて1〜2分焼き、1〜2分炒めてしんなりしたら塩、こしょうをふって取り出す。
❷ ❶のフライパンにサラダ油小さじ1を足し、卵を1個ずつ割り落とす。まわりが固まってきたら黄身をかるくつぶし、半分に折って両面を焼く。Aを加えて味をからめる。
❸ お弁当箱にご飯と❶を詰めて、ご飯の上に❷をたれごとのせる。

朝ごはん感覚でOK!
さっとできるお弁当

大きめいり卵&ソーセージ弁当

パンが主食のお弁当は、ご飯を炊いて詰める手間がありません。おかずも、切るだけ、ゆでるだけ、炒めるだけなのに、彩り豊かで栄養バランスもばっちり。

1人分
601 kcal

大きめいり卵

❶ 卵2個は溶きほぐし、マヨネーズ大さじ1、塩2つまみを加えて混ぜる。
❷ 鍋に❶を入れて中火にかけ、まわりが固まってきたら、パセリ少々をちぎって加え、木べらなどで大きく混ぜていり卵を作る。

ボイルソーセージ

ウインナーソーセージ3本は切り込みを入れ、沸騰した湯に入れて火をとめ、2分おき、余熱で火を通す。粒マスタード適量を添える。

スティックサラダ

にんじん1/5本(30g)、きゅうり1/2本(50g)、赤ピーマン1/4個(40g)は食べやすく切り、ポン酢大さじ1/2、オリーブ油小さじ1/2を合わせたドレッシングをからめる。

胚芽パン2個(50g)

買ってきた肉じゃがでも同じように作れる！

昨日の残り物アレンジ弁当

1人分 593 kcal

肉じゃがにきのこを加えて卵でとじることで新しいおかずに変身。夕飯に多めに作ったおかずを、お弁当向けにアレンジするのも時短テクニックです。

肉じゃがときのこの卵とじ

材料（1人分）
残り物の肉じゃが…150g
しめじ（小房に分ける）…¼パック（30g）
えのきだけ（ほぐす）…50g
A｜水…カップ¼
　｜しょうゆ、みりん…各小さじ1
卵…1個　冷凍グリンピース…少々

作り方
❶ 小さいフライパンに肉じゃがを汁ごと入れてかるくつぶし、Aを加えて煮立てる。
❷ しめじ、えのきだけを加えてしんなりするまで煮、卵を溶きほぐして回し入れる。グリンピースを加え、半熟状になるまで火を通す。

おかかご飯

削り節、しょうゆ各少々をかるく混ぜ、盛りつけたご飯150gの上に散らす。

きゅうりとプチトマトの酢の物

❶ きゅうり½本（50g）は2mm厚さの輪切りにして塩少々でもむ。わかめ（もどしたもの）10gは一口大に切り、プチトマト4個（40g）は半分に切る。
❷ 酢、しょうゆ、みりん各小さじ1を混ぜ、❶をあえる。

週末にまとめて作るおかず

ボリュームもあって食べごたえのある根菜のおかずは、お弁当箱の隙間を埋めてくれる貴重な存在。不足しがちな食物繊維もたっぷりとることができます。

繊維質がたっぷりで歯ごたえシャキシャキ！冷蔵庫で5日保存OK

根菜の炒め煮

材料（作りやすい分量）

ごぼう…1本(150g)
れんこん(乱切り)…½節(100g)
にんじん(乱切り)…½本(75g)
ごま油…大さじ1
A │ しょうゆ…大さじ2½
  │ みりん…大さじ2½
  │ 砂糖…小さじ1

作り方

❶ ごぼうは包丁の背で皮をかるくこそげ落とし、木べらなどで押しつぶしてひびを入れ、一口大に割りほぐす。れんこんとともに水につけてあくを取る。
❷ フライパンにごま油を熱し、ごぼう、れんこん、にんじんを広げて1～2分焼く。さらに2分くらいかけて全体が透き通るまで炒め、Aを回し入れる。
❸ ❷を中火で煮立たせ、汁けが少なくなるまで炒め煮にする。

お弁当にアレンジ！

1人分 103kcal

マヨネーズあえ

材料（1人分）
根菜の炒め煮…50g
マヨネーズ…小さじ1
七味唐がらし…少々

作り方
炒め煮の汁けをよくきってマヨネーズを加え、七味唐がらしをふってよくあえる。

1人分 286kcal

焼きかき揚げ

材料（1人分）
根菜の炒め煮…70g
パセリ（ちぎる）…少々
小麦粉…大さじ3
サラダ油…大さじ3

作り方
❶ ボウルに炒め煮とパセリを入れて小麦粉をふり、水少々を加え少し粉っぽさが残る程度に混ぜる。
❷ フライパンにサラダ油を入れて1～2分熱し、❶を1/3量ずつ落とし、動かさずに1～2分揚げたあと、ころがしながら揚げる。

1人分 459kcal

焼き飯

材料（1人分）
根菜の炒め煮…50g
ご飯…150g
溶き卵…1個分
サラダ油…大さじ1/2
塩、こしょう…各少々
万能ねぎ（小口切り）…3本（3g）

作り方
❶ フライパンにサラダ油を熱して溶き卵を流し入れ、まわりが固まってきたらかき混ぜ、すぐにご飯を加えて広げ、ほぐしながら炒める。
❷ ご飯がほぐれたら炒め煮を加え、塩、こしょうで調味して、万能ねぎをのせる。

1人分 244kcal

カレー南蛮漬け

材料（1人分）
根菜の炒め煮…50g
A｜しょうゆ、酢、水…各小さじ2
　｜砂糖…小さじ1
　｜カレー粉…小さじ1/4
鶏もも肉（皮なし）…60g
長ねぎ（斜め1cm幅）…1/3本（30g）
小麦粉…小さじ2
サラダ油…大さじ1/2

作り方
❶ 炒め煮とAを混ぜ合わせる。
❷ 鶏肉は一口大に切り、小麦粉をまぶす。
❸ フライパンにサラダ油を熱し、❷と長ねぎを入れ、表裏を2～3分ずつ焼く。これを❶につけ込む。

PART 4 コンビニを味方にするお弁当

ご飯を炊く時間がないときや、帰りが遅いときの食材調達にはコンビニが便利です。コンビニおにぎりやサンドイッチに大いに頼り、１品作るだけでも、立派なお弁当。上手につき合えば、ダイエット弁当の強い味方です。

1 コンビニで主食を買うお弁当

コンビニのパンやおにぎりに、野菜を使った簡単おかずをプラスするだけでお弁当の完成！ まさに「がんばらない」ダイエット弁当です。

パン & サンドイッチにプラス

野菜サンドなど、なるべく野菜の多いものを選ぶようにしましょう。

1人分
433 kcal

野菜サンドに ＋

豚もも肉のピーマンロール きのこのソテー

材料（１人分）

豚もも薄切り肉…３枚(60g)
ピーマン(せん切り)…１個(30g)
しめじ(小房に分ける)…⅓パック(35g)
小麦粉…小さじ１
サラダ油…大さじ½
A｜トマトケチャップ、水…各大さじ１½
　｜オイスターソース…小さじ１

作り方

❶ 豚肉は１枚ずつ広げてピーマンを半量ずつのせ、きつめに巻いて表面に小麦粉をまぶす。
❷ フライパンにサラダ油を熱し、しめじをさっと炒めて取り出す。❶の巻き終わりを下にして入れ、ころがしながら２〜３分かけて焼き色をつけ、Aを加えて２〜３分、味をからめながら焼く。
❸ ❷を食べやすく切り分け、しめじと盛り合わせる。

卵サンドに +

簡単ポトフ

材料（1人分）

キャベツ（くし形切り）…150g
にんじん（乱切り）…⅕本(30g)
ウインナーソーセージ…2本
A │ 水…カップ½
　│ 塩…小さじ¼
　│ ローリエ…¼枚
　│ にんにく…½かけ
　│ オリーブ油…小さじ1

作り方

❶ ウインナーソーセージは斜めに数本切り込みを入れる。
❷ 鍋にキャベツ、にんじんとAを入れてふたをし、中火にかける。煮立ったらソーセージを加え、弱火にして10分、にんじんに火が通るまで加熱する。お弁当箱に汁ごと盛りつける。

1人分 501kcal

ホットドッグに +

ブロッコリーときのこの にんじんドレッシング

材料（1人分）

ブロッコリー…70g
えのきだけ…⅓袋(35g)
しめじ…30g
A │ 酢…小さじ2
　│ サラダ油…小さじ1
　│ にんじん（すりおろす）…30g
　│ 塩…小さじ¼
　│ 粗びき黒こしょう…少々

作り方

❶ ブロッコリーは小房に分ける。えのきだけは半分の長さに切る。しめじは小房に分ける。
❷ 鍋に湯を沸かして❶をかためにゆで、ざるに上げて水けをきり、冷ます。
❸ Aを混ぜ合わせてドレッシングを作る。別容器で持っていってもいいし、あらかじめあえてもよい。

1人分 410kcal

野菜サンドに ＋

いかとピーマンの黄金煮

材料（1人分）
もんごういか…80g
ピーマン(せん切り)…1個(30g)
小麦粉…小さじ2
溶き卵…1個分
A│水…カップ⅓
　│みりん…大さじ½
　│しょうゆ…大さじ½
　│砂糖…小さじ½

作り方
❶ いかは斜めに切り込みを入れて一口大に切り、表面に小麦粉をまぶす。
❷ 鍋にAを煮立たせ、いかを溶き卵にくぐらせて鍋に入れる。卵が黄色く固まって、切れ込みが開いてきたら、上下を返してピーマンをわきに加え、しんなりするまで煮る。

1人分 402kcal

1人分 440kcal

ツナ＆卵サンドに ＋

大根と厚揚げのおかずサラダ

材料（1人分）
大根(短冊切り)…100g
大根の葉(刻む)…少々
A│塩…小さじ¼
　│水…大さじ2
厚揚げ…½枚(80g)
サラダ油…小さじ1
B│オイスターソース…小さじ2
　│酢…小さじ1
　│しょうゆ…小さじ1
いり白ごま…少々

作り方
❶ 大根、大根の葉はAをふって5分おき、水けを絞る。厚揚げはぬるま湯でもみ洗いして短冊切りにする。
❷ フライパンにサラダ油を熱し、❶の厚揚げの表面に焼き色をつけ、Bを加えて照り焼きにする。
❸ お弁当箱に❶の大根と大根の葉を盛り、❷を汁ごとのせて白ごまをふり、からめて食べる。

おにぎり2個に ＋

かじきのガーリックステーキ

材料（1人分）

- かじき…80g
- 塩…2つまみ
- こしょう…各少々
- A
  - 小麦粉…小さじ1
  - 水…小さじ½
  - にんにく（せん切り）…½かけ
- 万能ねぎ（小口切り）…3本（3g）
- サラダ油…小さじ1

作り方

❶ かじきに塩、こしょうをふり、Aを混ぜ合わせて片面にのせ、押さえる。
❷ フライパンにサラダ油を熱し、Aをのせた側を下にして2～3分、返して2～3分焼く。

ほうれんそうとにんじんのゆでサラダ

鍋に湯を沸かし、7cm長さに切ったほうれんそう50gと、薄切りのにんじん30gをゆでる。ゆで上がったら水けをきり、しょうゆ、サラダ油各小さじ1、酢小さじ½を合わせてあえる。

おにぎりにプラス

食べごたえがあり、意外にどんなおかずとも合う、梅、昆布、おかかがおすすめ！

1人分 568kcal

おにぎり2個に ＋

鶏もも肉の野菜炒め

材料（1人分）

- 鶏もも肉（皮なし）…70g
- 塩、こしょう…各少々
- A
  - キャベツ（一口大）…70g
  - にんじん（短冊切り）…20g
  - 玉ねぎ（くし形切り）…¼個（40g）
  - にんにく…¼かけ
- ピーマン（1cm幅の輪切り）…1個（30g）
- B
  - 酒…小さじ2
  - 塩…小さじ⅙
  - 水…大さじ2
  - 片栗粉…小さじ½
- ごま油…大さじ½

作り方

❶ 鶏肉は4つに切り、塩、こしょうで下味をつける。
❷ フライパンにごま油を熱して❶とAを入れて広げ、2分焼き、1～2分炒める。
❸ 野菜がしんなりしたらピーマンを加える。Bを加えて汁けが少なくなるまで炒める。

いちご3個（45g）

1人分 553kcal

納豆巻き・かっぱ巻きに +

小松菜ときのこの ごまチーズあえ

材料（1人分）
小松菜（3cm長さに切る）…70g
生しいたけ（半分に切る）…2枚
しょうゆ…小さじ½
A ┃ カッテージチーズ…30g
　 ┃ 刻み白ごま…小さじ1
　 ┃ 砂糖…小さじ1
　 ┃ しょうゆ…小さじ1
トマト（くし形切り）…¼個（40g）

作り方
❶ 鍋に湯を沸かし、小松菜としいたけをゆで、ざるにとって水けをきり、粗熱をとる。しょうゆをからめ、水けを絞る。
❷ Aを合わせてあえ衣を作り、❶をあえる。器に盛り、トマトを添える。

1人分 463kcal

いなりずし3個に +

チンゲンサイの スクランブルエッグ

材料（1人分）
チンゲンサイ（3～4cm長さに切る）…小1株（100g）
卵…1個
塩、ごま油…各少々
牛赤身ひき肉…30g
　砂糖、しょうゆ…各小さじ½
サラダ油…大さじ½
しょうが（せん切り）…½かけ

作り方
❶ 卵は溶きほぐし、塩、ごま油を加えて混ぜる。ひき肉は砂糖、しょうゆで下味をつける。
❷ フライパンにサラダ油を熱し、チンゲンサイ、しょうが、ひき肉を広げて1～2分焼き、1～2分炒める。
❸ ❷に❶の卵液を流し入れ、まわりが固まってきたら木べらなどで大きく混ぜる。

1人分 489kcal

赤飯のおにぎり1個に +

鶏ささ身ときのこの焼きかき揚げ

材料（1人分）

鶏ささ身…2本(80g)
しめじ…⅓パック(40g)
えのきだけ…½袋(50g)
小麦粉…大さじ3
塩…小さじ⅛
ピーマン(乱切り)…1個(30g)
かぼちゃ
　(8mm厚さの薄切り)…30g
塩、こしょう…各少々
サラダ油…大さじ3

作り方

❶ 鶏ささ身は筋を取って細切りに、しめじは小房に分け、えのきは石づきを取って3cm長さに切る。
❷ ボウルに❶を入れ、塩、小麦粉を加えて全体をよく混ぜる。粉っぽさが残るくらいの水を加えて混ぜる。
❸ フライパンにサラダ油を熱し、❷を2〜3等分して入れて2〜3分揚げ焼きにし、焼き色がついたら裏返して反対側も焼く。
❹ ❸を取り出し、フライパンに残った油でピーマンとかぼちゃを焼く。途中ふたをして、かぼちゃに火が通ったら塩、こしょうで調味する。

1人分 606 kcal

おにぎり2個に +

厚揚げとチンゲンサイとえびのさっと煮

材料（1人分）

厚揚げ…½枚(80g)
チンゲンサイ…小1株(100g)
むきえび…50g
A｜水…カップ⅓
　｜しょうゆ…大さじ1
　｜みりん…大さじ½
　｜酒…小さじ1

作り方

❶ チンゲンサイは1cm長さに切る。厚揚げはぬるま湯でもみ洗いして油抜きし、一口大にちぎる。
❷ 鍋にAを煮立て、厚揚げとチンゲンサイの茎を入れて1〜2分煮る。チンゲンサイがしんなりしたらチンゲンサイの葉とえびを加え、厚揚げに味がなじむまで煮る。

りんご¼個（50g）

1人分 547 kcal

麺類にプラス

野菜不足になりがちな麺類は野菜のおかずをプラスしてバランスよく！

1人分 560 kcal

1人分 576 kcal

とろろそばに ＋

アスパラ、いんげん、鶏ささ身のバターきんぴら

材料（1人分）

グリーンアスパラガス（斜め切り）…3本(45g)
さやいんげん（斜め切り）…5本(30g)
鶏ささ身…2本(80g)
バター…10g
しょうゆ…大さじ½
みりん…小さじ1
こしょう…少々

作り方

❶ 鶏ささ身は筋を取って1㎝幅の斜め切りにする。
❷ フライパンにバターを熱し、❶の鶏ささ身、アスパラガス、いんげんを入れて1〜2分焼く。肉の色が少し変わったら1〜2分炒め、しんなりしたらしょうゆ、みりんを加えて全体につやが出るまで炒め、こしょうをふる。

焼きそばに ＋

ブロッコリーとトマトのしょうがお浸し

材料（1人分）

ブロッコリー…50g
トマト…½個(80g)
A ｜ しょうゆ…小さじ1
　｜ 水…小さじ1
　｜ 酢…小さじ1
　｜ ごま油…小さじ½
しょうが（すりおろす）…1かけ

作り方

❶ トマトは6等分のくし形切りにして、さらに半分に切ってAをからめる。
❷ ブロッコリーは小房に分け、鍋に湯をわかし、かためにゆでてざるに上げ、水けをきる。
❸ ❶、❷、しょうがを合わせて、ざっくり混ぜる。

週末にまとめて作るパンとケーキ

バジルの香りとこしょうがきいたスパイシーなケークサレ。型がなければ紙製のパウンド型を使うとさらに手軽です。ダイエット中の間食にもおすすめ！

＼ お弁当の主食がわりに！ ／

1食分（2切れ）
137kcal

※1cm厚さに切り分けて1切れずつラップで包んで冷凍し、持っていくときは自然解凍または電子レンジで温めても。
冷蔵庫で5日、冷凍庫で14日保存可能。

こしょうとバジルのケークサレ

材料（6×7×20cmのパウンド型1個分）

A ｜ 薄力粉…150g
　｜ 砂糖…70g
　｜ ベーキングパウダー…大さじ½
バター…50g
溶き卵…2個分
B ｜ 粗びき黒こしょう…大さじ1
　｜ 生バジル（みじん切り）…5～6枚

作り方

❶ Aはビニール袋などに入れて合わせ、バターは角切りにする。冷蔵庫でそれぞれ冷やす。
❷ ボウルに❶の粉をふるい入れて❶のバターを加え、カードやフォークで刻みながら細かくし、さらにそぼろ状になるまで手でこすり合わせる。
❸ ❷に溶き卵、Bの⅔量を加えてゴムべらで全体が均一になるまでさっくり混ぜる。
❹ オーブンシートを敷き込んだパウンド型に❸の生地を流し込み、表面に残りのBをふって180℃に予熱したオーブン下段で約30分焼く。

2 コンビニ食材で作るお弁当

冷凍食品や缶詰などのコンビニ食材は、下ごしらえが済んでいるので調理も簡単！ 野菜を加えればあっという間にでき上がります。

1人分 591kcal

つけ合わせのポテトがメインおかずに大変身！

冷凍食品で ポテベジ弁当

冷凍ポテトとソーセージのカレー炒め

材料（1人分）
- 冷凍ポテトフライ…100g
- ウインナーソーセージ…3本
- ピーマン、赤ピーマン…各1個(60g)
- 生しいたけ(薄切り)…3枚(45g)
- サラダ油…大さじ½
- カレー粉…小さじ½
- 塩…小さじ¼
- こしょう…少々

作り方

❶ ピーマンは乱切りにする。ウインナーソーセージは斜めに数本切り込みを入れて一口大に切る。

❷ フライパンにサラダ油を熱し、凍ったままのポテトとピーマン、生しいたけを加えて1〜2分焼き、上下を返して1〜2分焼く。

❸ ポテトに火が通ったら、ソーセージ、カレー粉を加えて、ソーセージの切れ込みが開くまで炒め、塩、こしょうをふる。

ミックスベジタブルサラダ

材料（1人分）
- 冷凍ミックスベジタブル…50g
- マヨネーズ…大さじ½

作り方

ミックスベジタブルは凍ったままラップで包み、電子レンジで1分加熱し、解凍する。水けをふいてマヨネーズであえる。

ご飯100g

冷凍食品で **ごろごろシューマイ弁当**

冷凍シューマイの青菜炒め

材料（1人分）
冷凍シューマイ…6個
チンゲンサイ
　…小1株(100g)
サラダ油…大さじ½
焼き肉のたれ(市販)
　…大さじ2

作り方
❶ シューマイはラップでふんわり包み、電子レンジで2分加熱する。チンゲンサイの葉は3㎝長さに切り、茎は六つ割りにする。
❷ フライパンにサラダ油を熱してチンゲンサイの茎を炒め、しんなりしたら❶のシューマイ、チンゲンサイの葉を順に加える。全体に油がまわったら、焼き肉のたれを加えて味をなじませる。

にんじんマヨネーズ

にんじん¼本（40g）は乱切りにしてゆでる。マヨネーズ大さじ½を添えて、ナツメグ少々をふる。

ご飯150g＋いり白ごま

シューマイを野菜と炒めて焼き肉のたれで味つけするだけ

1人分 608 kcal

冷凍食品で **お手軽デミハンバーグ弁当**

冷凍ハンバーグの煮込み

材料（1人分）
冷凍ミニハンバーグ…3個(90g)
冷凍ミックス野菜…100g
ハヤシルウ
　…約20g
水…カップ½

作り方
❶ 鍋に分量の水を入れて中火にかけ、沸騰したらハヤシルウを入れて溶かす。
❷ ❶にハンバーグとミックス野菜を凍ったまま加え、ハンバーグが解凍されるまで加熱する。

バターライス

材料（1人分）
ご飯…150g
バター…5g
塩、こしょう…各少々

作り方
炊きたてのご飯にバターを加えてよく混ぜ、塩、こしょうをふる。

トマト¼個（40g）

1人分 625 kcal

ビーフシチュー風の味わいで野菜もたくさんとれちゃう

1人分 591 kcal

温めて はさむだけ！ スパイシーな サンドイッチ

缶詰・レトルトで **はさむだけテキサス弁当**

チリコンカンサンド

材料（1人分）

チリコンカン(缶詰)…150g　レタス(ちぎる)
卵…2個　　　　　　　　　…2枚(60g)
サラダ油…小さじ1　　　　ロールパン…2個(60g)

作り方

❶　鍋にチリコンカン、水大さじ2を入れて中火で温める。
❷　フライパンにサラダ油を熱し、卵を1個ずつ割り落とし、目玉焼きを作り、黄身をかるくつぶしてしっかり火を通す。
❸　ロールパンに切り込みを入れ、レタス、❷の目玉焼き、❶のチリコンカンを順にのせる。

生野菜サラダ

赤ピーマン½個(15g)、セロリ¼本(20g)は3〜4cm長さのスティック状に切り、塩少々をふる。そのまま食べてもいい。チリコンカンサンドにはさんでも。

- - - - - - - - - - - - - - - -

オレンジ¼個（30g）

- - - - - - - - - - - - - - - -

1人分 575 kcal

彩りもきれいで おなかも満足！

缶詰・レトルトで **がっつりコンビーフ弁当**

コンビーフ缶のピカタ丼

材料（1人分）

低脂肪コンビーフ缶　　　塩、こしょう…各少々
　…1缶　　　　　　　　ご飯…180g
小麦粉…小さじ2　　　　トマトケチャップ
卵…1個　　　　　　　　　…大さじ½
サラダ油…大さじ½　　　パセリ(みじん切り)
ピーマン、赤ピーマン　　　…適宜
　(せん切り)…各1個(60g)

作り方

❶　コンビーフは前日に冷蔵庫に入れ、よく冷やしておく。7〜8mm厚さに切り、小麦粉をまぶして余分な粉をはたき落とす。卵は溶きほぐす。
❷　フライパンにサラダ油の半量を熱し、❶のコンビーフを溶き卵にくぐらせて焼く。
❸　❷のフライパンに残りのサラダ油を足し、ピーマン、赤ピーマンを炒める。しんなりしたら塩、こしょうで調味する。
❹　お弁当箱にご飯を詰め、❸、❷を順にのせ、ケチャップと好みでパセリをのせる。

缶詰・レトルトで **なんちゃって煮物弁当**

焼き鳥缶と大根の甘辛煮

材料（1人分）
焼き鳥缶…1缶(100g)
大根(乱切り)…100g
大根の葉(刻む)…少々
A｜しょうゆ、みりん…各小さじ1　水…カップ¼

作り方
❶ 鍋に大根、Aを入れて中火にかける。煮立ったら弱火にして5分煮る。
❷ 大根が透き通ったら焼き鳥を缶汁ごと加え、中火にして全体に味がなじむまで煮、大根の葉を加える。

卵そぼろご飯

作り方
卵1個は溶きほぐし、砂糖小さじ1、しょうゆ1〜2滴を加える。小鍋に卵液を流し入れ、中火にかけて箸でよく混ぜ、細かい卵そぼろを作る。ご飯150gに混ぜ、小梅1個を添える。

- - - - - - - - - - - -
りんご¼個（50g）
- - - - - - - - - - - -

焼き鳥缶と大根を煮てボリュームおかずに！

1人分 583kcal

缶詰・レトルトで **繊維たっぷりパスタ弁当**

レトルトミートソースの
ちくわ＆きんぴら添え

材料（1人分）
きんぴらごぼう(市販)…1パック(100g)
ちくわ(斜め薄切り)…1本
レトルトミートソース…1袋(150g)
スパゲティ…70g
オリーブ油…小さじ1
パセリ(ちぎる)…少々

作り方
❶ 鍋にレトルトミートソースをあけて火にかけ、ちくわ、きんぴらを加えて全体に味がなじむまで2分煮る。
❷ 別鍋にたっぷりの湯と塩少々（分量外）を加え、スパゲティを表示時間通りにゆでる。ゆで上がったら手早く冷まし、オリーブ油をからめる。
❸ お弁当箱に❷、❶を順に盛りつけ、パセリを散らす。

きんぴらを加えて繊維質をプラス！

1人分 588kcal

週末にまとめて作るおかず

鉄分補給に欠かせない鶏レバーを日持ちするオイル漬けに。しょうゆをベースにオイルにつけ込むことで、レバーが苦手な人も食べられる味にしました。

貧血ぎみの人には
ぜひ常備してほしい
アレンジ自在な1品

鶏レバーとひじきのオイル漬け

材料（作りやすい分量）

鶏レバー…200g
芽ひじき（乾燥）…15g（もどして150g）
A │ しょうゆ…小さじ1
  │ にんにく（みじん切り）…¼かけ
  │ オリーブ油…大さじ4
  │ しょうゆ…大さじ1
  │ 塩…小さじ½
  │ 粗びき黒こしょう…少々

作り方

❶ 鶏レバーは冷たい流水につけて20分くらい血抜きをし、水けをきって一口大に切る。血の固まりがあれば除く。
❷ 芽ひじきは熱湯カップ3に20分浸けて、水洗いし、水けをきってしょうゆをふりかける。
❸ ボウルにAを混ぜ合わせる。
❹ 鍋に湯をカップ3沸かして❶のレバーをゆでる。
❺ 3分ゆでたら火をとめ、10分おいて水けをきり、熱いうちに❸につけ込む。❷のひじきを加えて上下をよく返し、味をなじませる。

お弁当にアレンジ！

1人分 102kcal

ブロッコリーサラダ

材料（1人分）
鶏レバーとひじきのオイル漬け…80g
ブロッコリー…50g

作り方
❶ オイル漬けはかるく汁けをきる。
❷ ブロッコリーは小房に分けて塩少々（分量外）を加えた熱湯でゆで、ざるに上げて冷まし、❶とともに盛り合わせる。

1人分 168kcal

おしゃれにらレバ

材料（1人分）
鶏レバーとひじきのオイル漬け…100g
にら…¼束(20g)
赤ピーマン…1個(30g)　　サラダ油…小さじ1
もやし…50g　　　　　　しょうゆ…小さじ1

作り方
❶ にらは4㎝長さに切り、赤ピーマンはせん切りにする。
❷ フライパンにサラダ油を熱し、❶、もやしを1分焼き、1分炒める。
❸ オイル漬けの汁けをかるくきって加え、全体に油がまわったところでしょうゆを回し入れ、汁けをとばすように炒める。

1人分 151kcal

トマト煮

材料（1人分）
鶏レバーとひじきのオイル漬け…100g
トマトソース(市販)…カップ½
塩、こしょう…各少々

作り方
❶ オイル漬けはかるく汁けをきる。
❷ 鍋に❶とトマトソースを入れて中火にかけ、煮立ったら弱火にして汁けがなくなるまで煮る。塩、こしょうで味を調える。

1人分 199kcal

ペンネあえ

材料（1人分）
鶏レバーとひじきのオイル漬け…80g
ペンネ…30g
塩…少々

作り方
❶ オイル漬けはかるく汁けをきる。
❷ 鍋にたっぷりの湯を沸かし、塩を加えてペンネを表示時間通りゆでる。ゆで上がったらざるに上げて冷まし、❶とあえる。

素材別INDEX

肉類

●鶏肉
- アスパラ、いんげん、鶏ささ身のバターきんぴら 70
- 磯辺焼き 31
- おしゃれにらレバ 77
- 蒲焼き風 31
- カレー南蛮漬け 63
- きのこのレンジ蒸し 32
- 香草焼き 32
- チーズロール 31
- トマト煮 77
- 鶏ささ身ときのこの焼きかき揚げ 69
- 鶏もも肉の野菜炒め 67
- 鶏レバーとひじきのオイル漬け 76
- はちみつレモンチキン 32
- ピカタ 31
- フライドチキン風 32
- ブロッコリーサラダ 77

●豚肉
- えのきロール 33
- 簡単つくね 34
- しいたけ詰め焼き 34
- ピーマン炒め 33
- 豚ヒレ肉のムニエル 10
- 豚もも肉のピーマンロール きのこのソテー 64
- ひき肉と残り野菜のそぼろみそ 28
- ボリュームしょうが焼き 33
- ゆで豚と青菜のごまあえ 33
- ゆで野菜のあえ混ぜ 29
- 和風サンドイッチ 29

●牛肉
- 厚揚げ入りハンバーグ 34
- 甘辛焼き 35
- 牛肉とトマトのステーキ丼 22
- ストロガノフ風 35
- チンゲンサイのマーボー風 34
- チンゲンサイのみそ炒め 35
- 焼き肉サラダ 35

●肉加工品
- HCTLサンド 56
- ボイルソーセージ 60

魚介類・卵・厚揚げ

●いか
- いかとピーマンの黄金煮 66
- 彩り野菜といか炒め 24
- 角切り野菜の炒め物 37
- からし揚げ 37
- 照り煮 37
- バター＆パプリカソテー 37

●えび
- エスニックソテー 36
- えび卵 36
- かき揚げ 36
- キャベツのチリソース 36

●鮭
- 鮭のパネソテー 16

●まぐろ・かじき
- かじきのガーリックステーキ 67
- カレームニエル 38
- 中華風ステーキ 38
- 照り焼き 38
- ほうれんそうのアンチョビにんにく炒め 38

●卵
- 大きめいり卵 60
- 桜えび入りチジミ風 39
- ソース卵焼き丼 59
- 包み卵焼き 29
- ひき肉の卵とじ 39
- 野菜たっぷりオムレツ 39
- わかめ入り卵焼き 39

●厚揚げ
- 厚揚げとチンゲンサイとえびのさっと煮 69
- 厚揚げのいり豆腐風 29
- しそはさみ焼き 40
- しょうが焼き 40
- ペッパーステーキ 40
- マーボー豆腐風 40

ご飯・麺類

●ご飯
- おかかご飯 61
- ガーリックピラフ風 10
- 具だくさん炒飯 54
- 白ごまとじゃこの混ぜご飯 26
- 卵そぼろご飯 75
- バターライス 73
- 焼き飯 63

●麺類
- エスニック風焼きうどん 58
- キャベツとツナの簡単パスタ 54
- ペンネあえ 77

野菜・きのこ類
●かぼちゃ
小豆あえ ……………………………… 46
ガーリックチーズソース添え ……… 46
レンジ甘煮 …………………………… 46
レンジバター蒸し …………………… 46
●キャベツ
甘酢しょうがあえ …………………… 47
梅じょうゆあえ ……………………… 47
簡単ポトフ …………………………… 65
コチュジャン炒め …………………… 47
ツナの煮浸し ………………………… 47
●きゅうり
きゅうりとプチトマトの酢の物 …… 61
たたききゅうりの梅あえ …………… 12
●グリーンアスパラガス
アスパラとさやいんげんのマヨネーズあえ … 14
●ごぼう
根菜の炒め煮 ………………………… 62
マヨネーズあえ ……………………… 63
焼きかき揚げ ………………………… 63
●じゃが芋
カレーきんぴら ……………………… 43
じゃが芋のレンジゆでバターしょうゆ … 16
肉じゃがときのこの卵とじ ………… 61
肉なしじゃが煮 ……………………… 43
ヘルシーポテトサラダ ……………… 43
ボイル野菜のミートソース ………… 57
レンジマッシュポテト ……………… 43
●大根
浅漬け ………………………………… 45
オイスターステーキ ………………… 45
スティックツナサラダ ……………… 45
大根と厚揚げのおかずサラダ ……… 66
ピクルス ……………………………… 45
●チンゲンサイ
オイスターマヨネーズあえ ………… 51
ごま油浸し …………………………… 51
ザーサイ添え ………………………… 51
ソーセージソテー …………………… 51
チンゲンサイのスクランブルエッグ … 68
●トマト
トマトマリネサラダ ………………… 18
●にんじん
黒ごまあえ …………………………… 44
スティックサラダ …………………… 60

ソース炒め …………………………… 44
大根のコールスロー ………………… 44
にんじんとコーンのきんぴら ……… 20
にんじんともやしの簡単ナムル …… 12
にんじんマヨネーズ ………………… 73
ピリ辛酢煮 …………………………… 44
●ピーマン
おかかあえ …………………………… 50
こしょう炒め ………………………… 50
鍋しぎ風 ……………………………… 50
生野菜サラダ ………………………… 74
マリネ ………………………………… 50
●ブロッコリー
きんぴら ……………………………… 49
昆布あえ ……………………………… 49
チーズソース添え …………………… 49
ブロッコリーときのこのにんじんドレッシング … 65
ブロッコリーとトマトのしょうがお浸し … 70
マスタードマヨネーズあえ ………… 49
●ほうれんそう・小松菜
簡単バターソテー風 ………………… 48
小松菜ときのこのごまチーズあえ … 68
小松菜とわかめの煮浸し風 ………… 26
しょうが風味浸し …………………… 48
ちりめんじゃこサラダ ……………… 48
ほうれんそうとにんじんのゆでサラダ … 67
明太子炒め …………………………… 48
●きのこ類
えのきしそ巻きソテー ……………… 52
えのきのカレーゆで ………………… 52
えのきのドレッシングあえ ………… 52
しいたけの洋風マリネ ……………… 52

冷凍食品・缶詰・レトルト
●冷凍食品
ミックスベジタブルサラダ ………… 72
冷凍シューマイの青菜炒め ………… 73
冷凍ハンバーグの煮込み …………… 73
冷凍ポテトとソーセージのカレー炒め … 72
●缶詰・レトルト
コンビーフ缶のピカタ丼 …………… 74
チリコンカンサンド ………………… 74
焼き鳥缶と大根の甘辛煮 …………… 75
レトルトミートソースのちくわ＆きんぴら添え … 75

※P41「さつま芋と黒ごまのケーキ」、P53「チーズとくるみのパン」、P71「こしょうとバジルのケークサレ」は素材別INDEX外です。

小田真規子（おだ・まきこ）

料理家・栄養士・フードディレクター。
スタジオナッツ主宰。

女子栄養大学短期大学部卒業後、香川調理製菓専門学校で製菓を学ぶ。料理家のアシスタントを経て1998年に独立し、スタジオナッツを設立。料理関連雑誌、企業のPR誌に、オリジナルの料理やお菓子のレシピを発表している。NHK「きょうの料理」など、テレビ料理番組への出演も多い。誰もが作りやすく、健康に配慮した、簡単でおいしいレシピの開発に日々努めている。また、評価の高い低カロリーのヘルシーなお菓子のレシピのほか、電子レンジ・炊飯器などの調理器具を駆使したメニュー開発も得意とし、家電メーカーや食品会社のメニューアドバイザーを歴任。テーブルスタイリングも手がけている。『つくりおきおかずで朝つめるだけ！弁当ラク手間！簡単おかず編』(扶桑社)、『一日がしあわせになる朝ごはん』(文響社) など、著書多数。

ブックデザイン	細山田光宣＋松本 歩（細山田デザイン事務所）
撮影	白根正治
スタイリング	井上輝美
取材・文	佐治 環

本書は1999年に刊行された『すぐできるローカロリーのワクワクお弁当』を再編集し、加筆・改筆したものです。

講談社のお料理BOOK
しっかり食べてムリなく続ける！
がんばらないダイエット弁当

2016年2月18日　第1刷発行

著者　小田真規子
©Makiko Oda 2016, Printed in Japan

発行者　鈴木 哲
発行所　株式会社 講談社
　　　　〒112-8001　東京都文京区音羽2-12-21
　　　　　　　編集　03-5395-3527
　　　　　　　販売　03-5395-3606
　　　　　　　業務　03-5395-3615

印刷所　凸版印刷株式会社
製本所　株式会社若林製本工場

定価はカバーに表示してあります。
落丁本・乱丁本は購入書店名を明記のうえ、小社業務あてにお送りください。
送料小社負担にてお取り替えいたします。
なお、この本についてのお問い合わせは、生活実用出版部 第一あてにお願いいたします。
本書のコピー、スキャン、デジタル化等の無断複製は著作権法上での例外を除き禁じられています。本書を代行業者等の第三者に依頼してスキャンやデジタル化することは、たとえ個人や家庭内の利用でも著作権法違反です。
ISBN978-4-06-299666-2